루나의
맛있는 테이블

루나의 맛있는 테이블

요리가 행복해지는 쉬운 레시피와 예쁜 플레이팅

박하영 지음

비타북스

PROLOGUE

봄나물을 넣은 첫 된장찌개를 끓였을 때 제법 엄마 손맛을 흉내낸 것 같아 스스로에게 느낀 대견함, 정성을 쏟은 파스타를 만들었을 때 환호성을 지르며 맛있게 먹어주던 친구를 보며 느낀 즐거움, 첫 집들이 때 본인이 먹어본 최고의 소고기무국이었다고 칭찬해주던 직장 동료 덕분에 으쓱했던 기분… 요리를 하면서 가장 행복한 순간은 누군가가 요리를 맛있게 먹어주는 때인 것 같아요. 그 기쁨을 알아가면서 요리는 저에게 일상의 행복이 되었어요.

학교까지 언제나 따뜻한 도시락을 직접 가져다주셨던 엄마의 정성을 가득 받아내다가, 독립을 하고 끼니를 챙겨야 하는 일은 매일 고민이었고 곤욕스러웠어요. 혼자 밖에 나가서 밥을 사 먹는 일은 왠지 모르게 창피했고, 할 줄 아는 몇 개의 요리를 반복해 먹는 일에 지쳤을 때 저절로 다양한 요리에 관심을 가지게 되었고 욕심이 생겼답니다. 직장 생활이 고단해질수록 갓 지어낸 밥 한 공기는 저의 몸과 마음을 든든하게 달래주는 위안이 되어주었어요.

이십 대 후반 의류 회사의 대표가 된 이후 패션 디자이너만큼 트랜디한 감각을 지니고, 사진 작가의 작업을 이해하고 평가할 수 있는 안목을 갖추기 위해 무던히도 애를 썼답니다. 자연스럽게 일에서뿐 아니라, 요리를 할 때도 더 예쁘게 만들기 위해 노력하게 되었어요. 요리에 어울리는 꽃 한 송이, 작은 키친 크로스를 두며 식탁을 조금 더 아름답게 꾸미는 것도 그러한 노력의 일부분이었어요. 덕분에 평범했던 저의 식탁이 점차 스타일리시한 카페처럼, 근사한 레스토랑 테이블처럼 변했어요. 단 몇 분을 투자하여 담음새에 정성을 더하거나 평범한 그릇에 꽃과 소품을 곁들여, 음식이 더욱 빛날 때 느끼는 뿌듯함은 지금도 저를 더욱 노력하게 만들지요.

타고난 손맛이 없어도, 누구나 쉽고 맛있는 요리를 했으면 하는 마음에 저의 레시피를 나누고 싶었어요. 이 책이 바쁜 일상 속에서, 사랑하는 사람과 마음까지 따뜻하게 데워주는 '온기 돋는 집밥'을 나누며 하루를 마무리하고픈 분들에게 도움이 되었으면 합니다. 혼자라도 예쁘게, 하나하나 추억이 쌓이는 밥상을 차리시길 바랍니다. 직접 요리를 만들어 함께할 수는 없지만 책으로나마 저의 레시피를 펼쳐내고, 많은 분과 공유할 수 있게 되어서 얼마나 기쁜지 몰라요.

언제나 든든한 저의 편이 되어주는 가족, 항상 애정으로 찾아주시는 구독자 분들에게 감사의 인사를 전합니다. 이 책에 담긴 요리들이 힘들고 지칠 때 소소한 즐거움과 따뜻한 위로가 되길 바랍니다.

박하영

CONTENTS

004　PROLOGUE

Intro 요리하기 전

012　요리를 도와주는 기본 양념
016　요리에 특별함을 더하는 양념
020　요리가 간편해지는 계량
021　요리가 쉬워지는 썰기
022　테이블을 빛내는 간단 스타일링
024　완성한 요리를 예쁘게 찍는 법

Table 01 우리 집 식탁에 매일 오르는 기본 요리

028　사과굴무침
030　구운 가지무침
031　톳나물두부무침
032　방풍나물무침
033　알배추겉절이
034　양지수육무침
036　삼색나물
038　미나리제육볶음
040　낙지볶음
042　새우브로콜리볶음
044　고추잡채
046　달래새우전
048　동그랑땡과 깻잎전
050　바싹불고기
052　LA갈비구이
056　중국식 가지튀김
058　우렁강된장
060　약고추장
062　표고버섯무조림
064　소고기장조림
066　시래기고등어조림
068　명란달걀찜

070 단호박소갈비찜
072 돼지고기짜글이찌개
074 차돌박이된장찌개
076 냉이바지락된장국
078 얼큰 소고기무국

080 연포탕
082 갈비탕
084 묵은지닭볶음탕
086 얼큰 만두전골
088 밀푀유나베

Table 02 간편하고 든든하게 차려내는
한 그릇 요리

092 버섯밥
094 톳전복밥
096 마늘종새우볶음밥
098 황금볶음밥
100 치즈김치볶음밥
102 간편 알밥
104 꼬막비빔밥
106 성게알비빔밥
108 매콤 치킨마요덮밥

112 장어덮밥
114 차돌박이참나물덮밥
116 소고기규동
118 찬밥참치죽
120 돌나물비빔국수
122 두유콩국수
123 오색잔치국수
124 황태칼국수

Table 03 함께 먹는 즐거움을 전하는
패밀리레스토랑 요리

식탁을 풍성하게 만드는 메인 메뉴
- 128 가지그라탕
- 130 떠먹는 감자피자
- 131 고구마사과그라탕
- 132 버섯리조또
- 134 빠에야
- 136 샐러드파스타
- 138 소시지파스타
- 140 오리지널 까르보나라
- 142 라자냐
- 144 맥앤치즈
- 146 치즈오븐파스타
- 148 치킨스테이크
- 150 로스트치킨
- 152 와인삼겹살구이

언제 먹어도 좋은 곁들임 메뉴
- 154 클램차우더
- 156 감자수프
- 158 미니단호박수프
- 160 타라토르
- 162 브루스케타
- 164 그릴드 치즈샌드위치
- 166 오픈 연어샌드위치
- 167 새우감자샐러드
- 168 니스샐러드
- 170 연근샐러드
- 174 그릭샐러드
- 175 구운 미니단호박샐러드
- 176 치즈달걀프라이
- 178 시금치프리타타
- 180 토마토홍합찜
- 182 굴라쉬
- 184 감바스 알 아히요

우리의 특별한 날을 위한 세트 메뉴
- 188 크리스마스 저녁
  목살스테이크 + 크리스마스리스샐러드 + 샹그리아
- 194 로맨틱한 데이트 날
  안심스테이크 + 새우파스타 + 홍차마들렌
- 200 친구들과 함께하는 브런치
  봉골레파스타 + 뢰스티 + 우유푸딩
- 206 해피해피 키즈 파티
  수제햄버거 + 오지치즈프라이 + 딸기젤리

Table 04 자꾸자꾸 생각나는 특별한 간식 요리

- 214 치즈떡꼬치
- 216 대파닭꼬치
- 218 간단 약식
- 220 조개술찜
- 222 깐풍만두
- 224 스카치에그
- 225 굴튀김
- 226 치즈감자고로케
- 228 허니버터치킨
- 230 과카몰리
- 232 에그나쵸미니피자
- 233 까망베르치즈구이
- 234 꿀바나나토스트
- 236 브라우니
- 240 딸기티라미수
- 242 바나나머핀

Table 05 향으로 즐기고 맛으로 먹는 저장식 요리

- 246 라임청
- 248 모히토
- 250 딸기청
- 252 딸기라떼
- 256 파인애플청
- 258 당근사과잼
- 262 바나나밀크잼
- 264 오렌지마멀레이드
- 266 방울양배추피클
- 268 아스파라거스피클
- 270 선드라이토마토
- 272 두릅장아찌
- 274 초석잠장아찌
- 276 새우장

Intro
요리하기 전

요리를 도와주는 기본 양념

요리에 특별함을 더하는 양념

요리가 간편해지는 계량

요리가 쉬워지는 썰기

테이블을 빛내는 간단 스타일링

완성한 요리를 예쁘게 찍는 법

요리를 도와주는 기본 양념

요리를 하기 전 꼭 갖춰두어야 하는 양념들에 대해 알아보고, 어떻게 사용해야 하는지 파악해두는 게 좋아요. 양념은 요리 맛을 좌우하는 중요한 역할을 한답니다.

1. **참기름** 특유의 고소한 향을 내는 참기름은 무침이나 비빔 요리에 주로 사용한다. 요리 마무리 단계에 한두 방울 더하면 전체 풍미를 돋운다.
2. **올리브유** 올리브 열매를 압착해 만든 기름. 불포화지방산이 풍부해 다이어트에 효과적이고, 주로 불 없이 조리하는 음식이나 샐러드 등 채소와 함께 먹는 요리에 사용한다.
3. **맛술** 요리용 술의 한 종류로 식재료 특유의 냄새를 희석하고, 본래의 맛을 더욱 강조하는 효과가 있어 여러 요리에 두루 사용하기 좋다.
4. **레몬즙** 상큼한 향과 톡 쏘는 맛이 있어 고기의 누린내와 해산물의 비린내를 잡아준다.
5. **식초** 신맛을 내는 발효 조미료로, 재료를 생으로 요리할 때 주로 사용한다. 특히 등푸른 생선의 비린내를 제거하는 데 효과적이다.
6. **올리고당** 설탕과 비슷한 단맛을 내지만 칼로리가 낮고 식욕을 감퇴시키는 효과가 있다. 열에 약해 나물 무침 등에 사용한다.
7. **꿀** 가공을 거치지 않은 천연 조미료로, 채집한 꽃에 따라 향의 차이가 있다. 요리에 넣으면 풍성한 단맛을 느낄 수 있다.
8. **국간장** 조선간장으로도 불리는데, 짠맛이 강하고 색이 옅어서 국물 요리나 재료의 색을 살려야 하는 요리에 사용한다.
9. **진간장** 오래 묵어서 진하게 된 간장을 말한다. 감칠맛과 단맛이 강해 무침, 조림, 볶음 요리에 사용하면 좋다.
10. **바비큐소스** 토마토, 양파, 머스터드, 설탕, 식초 등으로 만들어진 소스. 주로 고기 요리에 사용하며 맥주나 와인과 함께 먹는 요리에 잘 어울린다.
11. **멸치액젓** 멸치를 발효 숙성시켜 걸러낸 액체로, 깊은 맛을 낸다. 겉절이나 무침, 깔끔하게 국물 맛을 낼 때 사용한다.
12. **새우젓** 새우를 소금에 절여 발효시킨 젓갈. 김치나 겉절이를 담글 때, 찌개 등 국물 요리의 간을 맞출 때, 고기 요리에 곁들이면 좋다.

⑬ **검은깨** 노화를 늦춰주는 성분과 불포화 지방이 함유되어 있어 다이어트할 때 도움을 주는 양념. 주로 색이 옅고 맛이 담백한 음식에 사용한다.

⑭ **통깨** 고소한 맛과 향이 특징인 통깨는 한식에 광범위하게 사용하는 향신료다. 건조 후 볶아서 사용하거나 압착해 기름으로 만들어 활용한다.

⑮ **된장** 음식의 간을 맞추고 감칠맛을 내는 기본 양념이다. 나물을 무치거나 국을 끓이는 데 주로 사용한다.

⑯ **고추장** 찹쌀가루에 고춧가루와 메줏가루, 엿기름, 소금을 섞어 담근 장. 볶음이나 국물 요리의 간을 맞추고 색을 낼 때 쓴다.

⑰ **소금** 간을 맞추는 기본 양념으로, 크게 천일염과 정제염이 있다. 바닷물을 자연 증발시켜 미네랄 함유량이 큰 천일염이 우리 몸에 좋다.

⑱ **굵은소금** 왕소금으로도 불리는 굵은소금은 배추나 무를 절일 때, 간장이나 메주를 담글 때 사용한다. 해산물이나 과일을 세척할 때도 유용하다.

⑲ **설탕** 요리에서 단맛을 낼 때 가장 흔하게 사용하는 양념으로, 꿀을 넣었을 때보다 깔끔한 단맛을 낸다.

⑳ **고춧가루** 고추를 말리고 씨를 뺀 다음 곱게 빻은 향신료. 매운맛과 붉은 색을 내 여러 음식에 두루 쓰인다.

㉑ **매실청** 매실을 설탕에 숙성시켜 액체를 거르면 매실청이 된다. 새콤달콤한 맛을 원할 때 요리에 사용하며, 따뜻한 물에 타서 차로 마시기도 한다.

㉒ **굴소스** 소금물에 굴을 발효시켜 걸쭉한 상태로 만든 양념. 볶음이나 조림 등에 쓰이고, 간장 대신 사용하면 특유의 풍성한 감칠맛을 낸다.

요리에 특별함을 더하는 양념

일반적으로 사용하는 기본 양념 대신 사용하면 색다른 맛을 내주는 양념들을 소개합니다.
매일 먹는 음식에 특별한 풍미를 더해보세요.

❶ **마늘소금** 마늘 분말이 섞인 소금으로 간을 맞출 때 사용한다. 마늘 향이 은은하게 나서 식재료의 잡내를 없애는 데 효과적이다.

❷ **파프리카가루** 파프리카를 말리고 훈증해 만든 가루. 고춧가루보다 덜 맵고 약간 달콤한 맛이 나서 아이들이 먹는 요리에 사용하기 좋다.

❸ **생강가루** 생강은 고기나 생선의 잡내를 제거하는 데 쓰인다. 요리할 때마다 생강을 손질하는 것이 번거롭다면 분말 형태의 시판 제품을 사용한다.

❹ **카레가루** 여러 가지 향신료를 혼합한 카레가루는 독특한 매운맛을 낸다. 기름진 전이나 부침개, 볶음 요리에 사용하면 느끼함을 잡아준다.

❺ **파슬리가루** 서양 요리에 쓰이는 대표적인 향초다. 보통 요리 마지막 단계에서 음식 위에 뿌려 화사한 색감을 살리는 데 쓴다.

❻ **오레가노가루** 허브 중 하나인 오레가노를 가루로 만들면 톡 쏘는 맛이 난다. 주로 이탈리아 요리에 쓰이며 마늘, 토마토소스 등 강한 맛을 내는 요리와 잘 어울린다.

❼ **시나몬파우더** 속을 따뜻하게 하고, 위장 운동을 촉진시켜 영양 흡수를 돕는다. 커피나 차, 우유에 타거나 쿠키나 토스트 등에 뿌린다.

❽ **멸치가루** 집에서 쉽게 만들 수 있는 대표적인 천연 조미료. 멸치의 깊은 감칠맛과 구수함을 내며, 주로 면 요리에서 진한 국물 맛을 낼 때 사용한다.

❾ **치킨스톡** 닭 육수로, 수프나 소스의 기본 국물 맛을 좌우하는 중요한 역할을 한다. 큐브 형태로 된 시판 제품이 일반적이다.

❿ **통후추** 고기의 누린내를 없애고 매운맛을 내 담백한 맛을 원할 때 좋다. 주로 통후추를 갈아 가루 형태로 만들어 사용한다.

⓫ **팔각** 여덟 개의 각을 이루는 모양의 열매. 통째로 혹은 가루 형태로 사용한다. 중국 음식에서 빠질 수 없는 향신료이며 식재료의 잡내를 없앤다.

⓬ **정향** 정향나무의 꽃봉오리를 말린 향신료로, 상큼하고 달콤한 향이 강하다. 구이나 조림 등 주로 고기 요리에 넣어 누린내를 제거한다.

⓭ **피클링스파이스** 아삭아삭하고 새콤달콤한 홈메이드 피클을 담그는 데 필요한 필수 향신료. 월계수 잎, 통후추, 딜, 칠리, 고수 등 여러 재료가 섞여 있다.

⓮ **월계수잎** 지중해 연안의 월계수 생잎을 건조한 향신료. 생잎을 건조하면 쓴맛이 사라지고, 단맛과 향긋한 향이 나서 고기나 생선 요리에 사용하기 좋다.

⓯ **시나몬스틱** 고기를 푹 삶는 요리나 약식, 수정과에 시나몬스틱을 우려낸 물을 사용한다. 시나몬파우더와 마찬가지로 매콤한 맛을 낸다.

⓰ **페퍼론치노** 이탈리아 고추로 주로 파스타에서 깔끔한 매운맛을 내고 싶을 때 넣는다. 바싹 말린 매운 고추를 대신 사용해도 된다.

❼ **케첩** 시큼하면서 달콤한 맛을 지녀, 메인 소스의 보조 조미료로 사용하거나 튀김, 오믈렛 등에 곁들인다.

❽ **발사믹 식초** 포도와 와인을 숙성시켜 만들어 검붉은 색을 띠고 새콤한 맛이 난다. 샐러드 드레싱이나 소스의 베이스 재료로 사용한다.

❾ **머스터드** 톡 쏘는 겨자 맛이 특징인 향신료. 고기 요리나 달걀 요리, 핫도그, 샌드위치 등에 사용해 음식에 풍미를 더한다.

❿ **칠리소스** 매콤하고 달콤한 중국&동남아시아식 소스를 가리킨다. 볶음 요리에 넣거나 샤브샤브, 튀김 등에 곁들인다.

⓫ **바질가루** 오레가노가루와 함께 이탈리아 요리에 빠질 수 없는 향신료. 쌉쌀하고 매운맛을 내며 토마토나 마늘, 가지, 치즈와 잘 어울린다.

⓬ **파마산치즈가루** 파르미자노레자노라고도 불리는 딱딱한 이탈리아산 치즈를 분말로 만든 형태로, 피자나 스파게티, 샐러드, 수프에 뿌려 먹는다.

⓭ **커민가루** 커민의 씨앗으로 만드는 톡 쏘는 맛의 양념. 짙은 향이 강해, 주로 고기 요리에 넣어 누린내를 제거하는 데 사용한다.

요리가 간편해지는 계량

번거롭게 매번 계량컵과 계량스푼을 꺼내지 않아도 되는 간편한 계량법을 소개합니다. 밥숟가락과 찻숟가락, 종이컵만 있으면 어떤 요리든 손쉽게 완성될 거예요.

밥숟가락 가득 = 1큰술 = 15ml

고추장 1큰술

고춧가루 1큰술

간장 1큰술

찻숟가락 가득 = 1작은술 = 5ml

고추장 1작은술

고춧가루 1작은술

간장 1작은술

1컵 = 200ml

간장 1컵

요리가 쉬워지는 썰기

재료의 기본적인 썰기 방법을 알아두면 요리 시간을 한결 단축할 수 있답니다. 물론 보기에도 좋고 음식의 맛을 내기에도 좋지요.

깍둑 썰기 재료를 정사각형 즉 주사위 형태로 써는 방법. 주로 깍두기나 카레 등 조리 후 오래 두고 먹는 요리를 할 때 쓴다.

나박 썰기 무나 두부 같이 면적이 넓은 재료를 얇고 납작하게 써는 방법으로, 단시간에 재료를 고르게 익힐 수 있다.

반달 썰기 당근, 애호박, 가지 등 원기둥 형태의 재료를 길게 반으로 자른 다음 둥근 모양을 살려 얇게 써는 방법이다.

어슷 썰기 오이, 대파, 고추 등 길고 얇은 재료들을 손질하는 방법으로, 모양을 살려 한쪽으로 비스듬하게 썬다.

편 썰기 마늘, 밤 등 작은 식재료의 옆면을 얇게 저미듯 써는 방법을 말한다. 일정한 두께로 재료의 모양을 살려 썬다.

채 썰기 재료를 얇고 넓게 썰어 층층이 포갠 다음 가늘고 길게 써는 방법이다. 김치 속이나 요리 고명을 손질할 때 쓴다.

송송 썰기 대파나 쪽파, 고추를 일정한 간격을 두고 썬다. 부재료로 자주 쓰이는 식재료는 송송 썰어 냉동실에 보관해두고 쓰면 좋다.

다져 썰기 재료의 입자를 아주 작게 써는 방법으로, 여러 번 칼질을 해서 원하는 크기로 손질한다.

둥글게 깎기 감자, 당근 등 단단한 재료를 깍둑 썰기한 다음 모서리를 깎아내는 방법이다. 찜 같이 오래 익히는 요리에 사용한다.

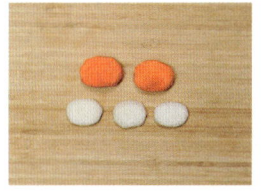

가닥가닥 찢기 주로 버섯을 손질할 때 사용하는 방법이다. 밑동을 잘라내고 깨끗이 씻은 후 먹기 좋은 크기가 되도록 손으로 찢는다.

테이블을 빛내는 간단 스타일링

집에서는 간단히 먹고 치우기 위해 단촐하게 식탁을 차리는 경우가 많죠? 오랜 시간과 정성을 들여 요리한 만큼, 가끔은 완성한 요리를 더욱 돋보이게 장식해보세요. 몇 가지만 신경 쓰면 집에서도 한껏 멋진 기분으로 즐겁게 식사할 수 있답니다.

그릇 플레이팅
- 그릇은 식탁의 전체적인 분위기를 좌우해요. 음식의 색보다 진한 색은 피하고, 심플한 디자인의 메인 그릇을 선택한 다음 비슷한 톤의 그릇들을 더해보세요. 정갈한 느낌을 준답니다.
- 생기 있는 식탁을 차려내고 싶다면 단조로움에 위트를 줄 수 있도록 2~3가지의 다양한 모양의 그릇을 함께 배치하고, 컬러풀한 잔으로 포인트를 주는 게 좋아요.
- 피자나 샐러드 등 색이 많은 요리는 화이트 톤 대신 블랙이나 진그레이 톤의 그릇에 담아보세요. 음식의 화려한 색감이 더욱 돋보일 거예요.
- 붉은색, 갈색이 위주인 한식 요리를 담을 때 빨강이나 주황, 파랑 등 원색 톤의 그릇은 피해요. 연그레이나 베이지 등의 은은한 무채색 톤의 그릇이 한식과 잘 어울려요.
- 케이크, 쿠키 등을 담을 때는 화려한 디자인이나 색깔의 그릇에 담아보세요. 별다른 장식 없이 그릇 자체만으로 더욱 분위기 있는 디저트 테이블을 차려낼 수 있답니다.

키친 크로스
- 식탁을 자주 바꿀 수 없다면 키친 크로스를 활용해보세요. 까슬거리는 촉감의 린넨 키친 크로스는 디자인과 색에 따라 따뜻한 느낌, 모던한 느낌, 빈티지한 느낌까지 스타일링할 수 있는 소품이에요.
- 냄비와 그릇의 색에 맞춰 테이블 매트로 활용하거나 감각적인 티 매트로 사용해보세요, 토스터나 커피 메이커 등 주방 소품의 덮개로도 좋아요.
- 키친 크로스는 주방 어디에나 무심한 듯 툭 펼쳐 놓아도 감각적인 인테리어 소품 역할을 톡톡히 한답니다.

꽃 장식
- 꽃은 식탁에 싱그러움을 전합니다. 한두 송이라도 나를 위해, 가족을 위해 작은 정성을 담아보세요.
- 솜씨가 없더라도 커피 잔, 티 팟, 와인병, 재활용 유리병(잼, 파스타소스) 등에 꽃을 꽂아 식탁에 올리면 단조로웠던 공간에도 온기와 생기가 넘친답니다.
- 꽃잎이 시들기 전, 그늘진 곳에서 말려 드라이 플라워를 만들어보세요. 꽃의 색과 향을 더욱 오래 기억할 수 있어요.
- 유칼립투스, 사철나무잎 등 나뭇가지와 잎을 꽃과 함께 꽂으면 더욱 세련된 장식을 연출할 수 있답니다.

완성한 요리를 예쁘게 찍는 법

집에서 잡지처럼 예쁘고 세련되게 요리 사진을 찍기란 참 어렵죠. 요리에 따라, 테이블 세팅에 따라 어떤 방법으로 찍는 것이 좋은지 알게 된다면 누구나 멋지게 요리 사진을 찍을 수 있답니다.

45도 촬영 vs. 탑뷰 촬영

- 45도로 사진을 찍으면 사람이 음식을 내려다보는 각도와 비슷하여 익숙하고 편안하게 느껴져요. 소품이나 배경보다 음식 자체가 강조되므로 먹음직스럽게 느껴진답니다. 음식의 가장 앞부분에 초점을 맞추고 배경을 흐릿하게 처리하면 사진이 더욱 생동감 있어 보여요. 단, 음식 가까이에 소품이 너무 많으면 자칫 지저분해 보일 수 있답니다.
- 탑뷰는 평면도처럼 위에서 아래로 보는 시점으로, 요리의 색과 테이블의 스타일링이 강조되며 적당한 여백이 있어 모던한 느낌을 준답니다. 다양한 색이 담긴 요리나 테이블 위에 여러 소품으로 스타일링 했을 때 찍기 적합해요. 요리와 소품을 프레임에 모두 담기보다는 부분만 담는 것이 세련돼 보인답니다. 다만 요리 자체는 입체감이 떨어져 자칫 단조로워 보일 수 있어요.

아웃포커싱 vs. 팬포커싱

- 아웃포커싱은 불필요한 배경을 뿌옇게 처리해 주제를 돋보이게 할 수 있답니다. 예를 들면, 슈거파우더가 솔솔 뿌려진 디저트의 생동감, 레몬에이드 잔에 방울방울 맺힌 물방울의 싱그러움이 한껏 강조돼 보이지요. 초점을 맞춘 부분 외 나머지 부분은 흐릿해지므로 과도하게 아웃포커싱을 하면 음식의 전체적인 디테일을 망칠 수 있으니 주의하세요.
- 팬포커싱은 프레임 안에 있는 모든 사물에 초점이 맞는 사진으로, 다양한 요리가 테이블에 차려졌을 때나 전체적인 구도가 중요할 때 찍는 방법입니다. 다만 사진이 딱딱해 보일 수 있고, 프레임 안에 너무 많은 음식과 소품이 담길 경우 답답해 보일 수 있어요.

집에서 사진 찍기 좋은 장소&조명

- 집에서 사진을 찍을 때 가장 어려운 부분이 충분한 조명을 확보하는 일이에요. 대부분의 식탁 조명에 쓰이는 은은한 전구는 요리의 색감과 디테일을 왜곡시킨답니다. 사진 찍기에 가장 좋은 빛은 자연광이라고 하지만 그것 역시 충분하지 않는 경우가 많아요. 그럴 때는 창가나 거실 등 집안에서 가장 밝은 곳을 선택하세요.
- 조명 밝기가 부족하면 인테리어용이나 책상 스탠드로 빛을 보충해보세요. 단, 한쪽에서 들어오는 빛이 너무 강할 경우 음식에 그림자와 경계가 생겨요. 이때 화이트보드(또는 흰 종이나 주방용 은박호일)를 빛이 들어오는 방향의 반대편에 세워요. 반사판 역할을 해서 부족한 빛을 보충하고, 그림자를 은은하게 표현할 수 있답니다.
- 촬영자의 정면에 조명이 있으면 역광으로 음식에 그늘이 집니다. 조명이 촬영자의 뒤편에 있으면 촬영자의 그림자 때문에 음식과 테이블이 얼룩져 보이니 주의하세요.

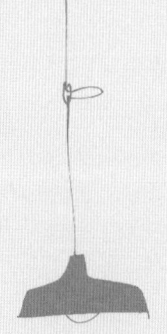

Table 01

우리 집 식탁에 매일 오르는
기본 요리

쉴 틈 없이 하루를 보내고 나면 정성껏 차려진 밥상이 생각날 때가 있죠.
갓 지은 밥 한 공기를 맛있게 뚝딱 비우게 하는
기본 반찬과 국물 요리를 소개합니다.
하루를 시작하고 마무리하는 밥, 맛있게 즐겁게 만들어보세요.

Recipe 1

사과굴무침

바다의 향을 고스란히 느낄 수 있는 굴에 미나리와 사과를 더했어요.
아삭하고 탱글한 굴무침은 따뜻한 밥과 잘 어울린답니다.

 2인분

굴 500g • 사과 1/2개 • 미나리 한 줌 • 청양고추 1개 • 홍고추 1개 • 소금 1/2작은술
양념 고추장 1큰술 • 고춧가루 3큰술 • 멸치액젓 2큰술 • 올리고당 1큰술 • 식초 1큰술 • 맛술 1큰술 • 다진 마늘 1큰술 • 참기름 1큰술 • 통깨 1큰술

1 소금을 뿌린 물에 굴을 담그고 젓가락으로 살살 흔들어 씻는다.
2 씻은 굴은 체에 밭쳐 물기를 완전히 뺀다.
3 사과는 4cm 길이로 채 썰고, 미나리는 같은 길이로 자른다. 청양고추와 홍고추는 어슷하게 썬다.
4 큰 볼에 굴과 사과, 미나리, 청양고추, 홍고추, 양념 재료를 넣고 버무린다.

Recipe 2
구운 가지무침

가지를 삶지 않고 구우면 설컹거리는 식감이 줄어요.
쨍하게 내리쬐는 햇살을 담아내듯 수분을 날려 쫄깃함을 살려보세요.

🍳 2인분

가지 2개 • 참기름 1/2큰술 • 통깨 1/2큰술
양념 국간장 1큰술 • 진간장 2큰술 • 고춧가루 1큰술 • 다진 마늘 1/2큰술 • 다진 대파 1큰술

1 가지는 꼭지를 자르고 세로로 반을 가른 다음 어슷하게 썬다.
2 마른 팬에 가지를 넣고 중간 불로 노릇하게 구운 다음 키친타월 위에 펼쳐 식힌다.
3 큰 볼에 구운 가지와 양념 재료를 넣고 양념이 골고루 배어들도록 버무린다. 참기름과 통깨를 뿌려 마무리한다.

Recipe 3
톳나물두부무침

바다의 불로초, 톳의 영양을 제대로 살린 레시피를 소개합니다.
겨울이 제철인 톳과 사시사철 언제든 구하기 좋은 두부를 무쳐 건강 반찬을 만들어보세요.

2인분

톳 100g • 두부 1/2모 • 대파 1/3대 • 청양고추 1/2개 • 홍고추 1/2개 • 소금 1/2큰술
양념 국간장 1큰술 • 다진 마늘 1/2큰술 • 참기름 1큰술 • 천일염 1/5큰술 • 통깨 1/2큰술

1

2

1 톳은 씻는다. 끓는물에 소금을 넣고, 톳을 10초간 데친다. 찬물에 헹궈 물기를 빼고 3cm 길이로 썬다. 두부는 면보로 감싸 물기를 꼭 짜서 으깨고, 대파와 청양고추, 홍고추는 다진다.
2 큰 볼에 톳과 두부, 대파, 청양고추, 홍고추, 양념 재료를 넣어 조물조물 버무린다.

Recipe 4

방풍나물무침

풍을 예방해주는 방풍나물을 된장에 무쳐보았어요.
쌉싸름한 맛이 있어 고기나 생선 요리에 곁들이면 입안을 깔끔하게 정리해준답니다.

 2인분

방풍나물 150g • 소금 1/2큰술 • 들기름 1/3큰술 • 통깨 1큰술
양념 집된장 1큰술 • 고추장 1/3큰술 • 다진 마늘 1/3큰술

1 방풍나물은 흐르는 물에 깨끗이 씻은 다음 억센 줄기와 시든 잎을 제거한다.
2 소금을 넣은 끓는 물에 방풍나물을 1분간 데친 후 찬물에 헹구고 체에 밭쳐 물기를 뺀다.
3 큰 볼에 방풍나물과 양념 재료를 넣어 골고루 버무리고 통깨와 들기름으로 마무리한다.

Recipe 5

알배추겉절이

반찬이 고민되는 날, 바로 만들어 먹는 싱그러운 겉절이를 추천합니다.
입맛을 한껏 돋우는 맛있는 밥반찬을 만들어보세요.

2인분

알배기배추 800g · 당근 1/2개 · 부추(또는 쪽파) 한 줌 · 찹쌀가루 2큰술 · 굵은소금 1/2컵 · 통깨 2큰술 · 물 1컵
양념 고춧가루 5큰술 · 새우젓 2큰술 · 멸치액젓 2큰술 · 물엿 1+1/2큰술 · 다진 마늘 1큰술 · 다진 생강 약간

1 배추는 먹기 좋게 썰어 굵은소금에 30분간 절인다. 절인 배추는 찬물에 헹구고 물기를 뺀다. 당근은 4cm 길이로 채 썰고, 부추는 같은 길이로 자른다.
2 냄비에 찹쌀가루와 물을 넣고 약한 불에서 뭉치지 않게 저으며 찹쌀풀을 만든 후 식힌다.
3 큰 볼에 절인 배추와 당근, 찹쌀풀, 양념 재료를 넣고 섞은 다음 마지막에 부추와 통깨를 넣어 버무린다.

Recipe 6

양지수육무침

촉촉하면서 부드러운 맛을 살린 수육과 매콤 쌉쌀한 맛이 일품인 부추로
깔끔하고 특별한 고기 요리를 만들어보세요.

 2인분

소고기(양지) 250g • 부추 1/2줌 • 양파 1/3개 • 청양고추 1/2개 • 홍고추 1/2개
삶기 집된장 2큰술 • 마늘 5쪽 • 대파 1대 • 맛술 5큰술 • 생강가루 약간 • 통후추 1/2큰술
양념 진간장 3큰술 • 올리고당 1/2큰술 • 맛술 1큰술 • 연겨자 1/3큰술 • 식초 1/2큰술 • 다진 마늘 1/3큰술 • 다진 양파 1큰술 • 참기름 1/2큰술

1 양지는 찬물에 1시간 정도 담가 핏물을 뺀다.
2 냄비에 양지와 삶기 재료를 넣고 재료가 푹 잠길 정도로 물을 붓는다. 센 불에서 한소끔 끓이다가 국물이 끓어오르면 중간 불로 줄이고 뚜껑을 닫아 40분 더 끓인다.
3 삶은 양지는 한김 식힌 후 얇게 썰고, 부추는 5cm 길이로 썬다. 양파는 채 썰고 청양고추와 홍고추는 잘게 다진다.
4 큰 볼에 양지와 손질한 채소, 양념 재료를 넣고 부추가 무르지 않도록 가볍게 버무린다.

TIP
고기를 삶을 때는 누린내를 제거하기 위해 센 불에서 익히고, 물이 끓어오르면 뚜껑을 닫고 불을 줄여 속까지 익도록 뭉근히 끓여요.

Recipe 71

삼색나물

가짓수가 많아 자칫 어렵게 느껴질 수 있는 삼색나물은 명절 필수 반찬이에요.
설과 추석 상을 풍성하게 해주는 간단한 레시피를 소개해요.

 2인분

시금치나물 시금치 300g • 국간장 1큰술 • 다진 마늘 1큰술 • 다진 대파 2큰술 • 참기름 1큰술 • 소금 1/2큰술 • 통깨 1/2큰술

고사리나물 고사리 230g • 국간장 2큰술 • 다진 마늘 1큰술 • 다진 대파 2큰술 • 들기름 2큰술 • 통깨 1/2큰술 • 물 1/2컵

도라지나물 도라지 200g • 국간장 1/2큰술 • 다진 마늘 1큰술 • 다진 대파 2큰술 • 참기름 1큰술 • 소금 1/2큰술 • 통깨 1/2큰술 • 물 3큰술

1 시금치는 마른 잎을 떼고 찬물에 씻은 다음 칼집을 내어 가닥가닥 찢는다. 끓는 물에 소금을 넣고 시금치를 뒤적이며 30초간 데친다.

2 데친 시금치는 찬물에 헹궈 물기를 뺀 후 국간장과 다진 마늘, 다진 대파, 참기름, 통깨와 함께 무친다.

3 고사리는 찬물에 넣어 손으로 흔들어 헹군 후 체에 받쳐 물기를 뺀다. 5cm 길이로 잘라 국간장과 다진 마늘로 밑간한다.

4 냄비에 밑간한 고사리와 들기름, 물을 넣어 약한 불에서 자작해질 때까지 끓인다. 다진 대파와 통깨를 넣어 버무린다.

5 도라지는 길게 2~3등분 한 후 소금을 넣어 3분간 주물거린다. 찬물에 30분간 담갔다가 끓는 물에 소금을 넣고 1분간 데친다.

6 데친 도라지는 찬물에 헹궈 물기를 뺀 후 냄비에 담는다. 국간장, 다진 마늘, 물을 넣어 볶다가 다진 대파와 참기름, 통깨를 넣어 버무린다.

Recipe 8

미나리제육볶음

제육볶음에 향긋한 미나리무침을 샐러드처럼 곁들인 볶음 요리예요.
삶은 콩나물이나 파채를 곁들였을 때와는 또 다른 맛을 느낄 수 있을 거예요.

2인분

대패삼겹살 500g • 미나리 한 줌 • 대파 1대 • 양파 1/2개 • 청양고추 2개 • 홍고추 1개
고기 양념 고추장 3큰술 • 진간장 1+1/2큰술 • 고춧가루 3큰술 • 올리고당 1+1/2큰술 • 맛술 2큰술 • 다진 마늘 1+1/2큰술
미나리 양념 진간장 1/2큰술 • 고춧가루 1/2큰술 • 참기름·통깨 약간씩

1 미나리는 깨끗이 씻은 다음 줄기는 4cm 길이로 자르고 잎은 찬물에 담가둔다. 양파는 채 썰고, 대파와 청양고추, 홍고추는 어슷하게 썬다. 분량의 재료로 고기 양념을 만든다
2 팬에 대패삼겹살과 고기 양념을 넣어 센 불에서 볶는다.
3 고기가 다 익으면 미나리 줄기와 양파, 청양고추, 홍고추, 대파를 넣고 재빨리 볶는다.
4 큰 볼에 미나리 잎과 분량의 미나리 양념을 넣어 버무린 다음 제육볶음에 곁들인다.

 Recipe 9

낙지볶음

쫄깃하면서 부드러운 식감과 기분 좋은 매콤함을 모두 갖춘 낙지볶음!
다 먹고 남은 양념에 밥을 볶거나 삶은 소면을 비벼도 맛있답니다.

2인분

낙지 4마리 • 양파 1개 • 당근 1/2개 • 대파 1대 • 청양고추 1개 • 홍고추 1개 • 밀가루 2큰술 • 굵은소금 2큰술 • 참기름 약간
양념 고추장 2큰술 • 간장 2큰술 • 고춧가루 5큰술 • 물엿 3큰술 • 맛술 2큰술 • 다진 마늘 1큰술 • 다진 생강 약간 • 소금 1/2큰술 • 설탕 1큰술 • 후추 약간

1 낙지는 머리에 있는 내장과 입을 가위로 잘라낸다. 밀가루와 굵은소금을 넣어 주무른 다음 찬물에 헹군다.
2 당근은 길게 반으로 자른 후 어슷하게 썬다. 양파는 채 썰고, 대파와 청양고추, 홍고추는 어슷하게 썬다.
3 팬에 손질한 채소와 낙지, 양념 재료를 넣고 약한 불에서 수분이 나올 때까지 5분 정도 볶는다. 센 불에서 3분 더 볶다가 낙지 다리를 먹기 좋은 크기로 자른 후 참기름을 넣어 마무리한다.

TIP
채소에서 수분이 많이 나오면 전분물(전분가루+물)을 넣어요.

 Recipe 10

새우브로콜리볶음

건강함이 똘똘 뭉쳐 있는 브로콜리는 뽀빠이의 영양 간식인 시금치보다 칼슘이 4배나 많아요.
피부에 생기를 불어넣는 비타민E와 변비에 좋은 식물성 섬유도 풍부하니 자주 식탁에 올려보세요.

2인분

브로콜리 1송이 · 칵테일새우 15마리 · 마늘 3쪽 · 맛술 2큰술 · 올리브유 2큰술 · 소금 1/2작은술 · 후추 약간

1 브로콜리는 한입 크기로 썬 다음 끓는 물에 넣어 살짝 데친 후 찬물에 헹궈 물기를 뺀다.
2 마늘은 편으로 썬다. 칵테일새우는 맛술을 뿌려 밑간한다.
3 팬에 올리브유를 두르고 마늘과 새우를 볶는다.
4 새우가 익으면 브로콜리와 소금, 후추를 넣어 재빨리 볶는다.

Recipe 11

고추잡채

중식당 코스 요리에서 빠지지 않는 고추잡채.
10분이면 집에 늘 있는 재료로도 고추잡채를 만들 수 있답니다.

3인분

돼지고기(잡채용) 150g • 양파 1/2개 • 청 · 홍피망 1개씩 • 청양고추 1개 • 마늘 3쪽 • 고춧가루 3큰술 • 굴소스 1+1/2큰술 • 올리고당 1/2큰술 • 다진 마늘 1/2큰술 • 식용유 5큰술 • 후추 약간

밑간 진간장 1큰술 • 맛술 1/2큰술 • 다진 마늘 1/2큰술 • 후추 약간

1

1. 청·홍피망과 양파는 채 썰고, 마늘은 편으로 썬다. 돼지고기는 밑간 재료에 재운다.
2. 내열 용기에 고춧가루와 다진 마늘, 식용유를 섞어 담고, 전자렌지에 넣어 30초씩 3번 데운다. 잠시 두었다가 위로 뜨는 기름만 걷어내 고추기름을 준비한다.
3. 팬에 돼지고기를 넣어 볶다가 따로 덜어둔다. 팬에 고추기름과 손질한 채소를 넣고 재빨리 볶는다.
4. 채소의 숨이 죽으면 덜어둔 돼지고기와 굴소스, 올리고당, 후추를 넣고 센 불에서 재빨리 볶아낸다.

2

TIP
• 마트에서 쉽게 구매할 수 있는 꽃빵을 쪄서 곁들여보세요.
• 돼지고기 대신 채 썬 어묵을 볶아도 맛있어요.

Recipe 12

달래새우전

봄날을 알리는 향긋한 달래를 맛있게 먹는 요리법을 소개합니다.
식감 좋은 새우와 함께 지글지글 노릇하게 부쳐보세요.

🥄 4인분

달래 한 줌 • 칵테일새우 20마리 • 홍고추 1개 • 맛술 1큰술 • 부침가루 50g •
식용유 약간 • 물 2+1/2큰술

1 달래는 찬물에 여러 번 헹군 다음 물기를 뺀다. 칵테일새우는 맛술을 뿌려 밑간하고, 홍고추는 어슷하게 썬다. 부침가루와 물을 섞어 반죽을 만들어둔다.
2 달래 줄기를 동그랗게 꼰다.
3 달군 팬에 식용유를 두르고 달래에 반죽을 묻혀 올린다. 칵테일새우도 반죽을 묻혀 달래 위에 올리고 빈틈에 반죽을 채운다.
4 중간 불에서 앞뒤로 노릇하게 부치다가 반죽을 살짝 묻힌 홍고추를 올리고 10초 더 익힌다.

 Recipe 13

동그랑땡과 깻잎전

한입에 쏙쏙 먹기 좋은 동그랑땡.
추가로 동그랑땡 반죽을 활용해 간단히 깻잎전을 부치는 방법도 알려드릴게요.

4인분

돼지고기 다짐육 200g · 소고기 다짐육 100g · 표고버섯 2개 · 깻잎 15장 · 두부 1/2개 · 양파 1/3개 · 당근 1/4개 · 대파 1/2대 · 달걀 2개 · 맛술 3큰술 · 밀가루 약간 · 식용유 약간
양념 다진 마늘 1큰술 · 소금 1/2큰술 · 후추 · 생강가루 약간씩

1 소고기와 돼지고기는 키친타월에 올려 핏물을 제거한 후 맛술을 뿌린다. 양파와 당근, 표고버섯, 대파는 잘게 다지고, 두부는 면보에 싸서 물기를 뺀다.
2 큰 볼에 손질한 소고기와 돼지고기, 두부, 채소, 양념 재료를 넣고 끈기가 생길 때까지 20분 정도 반죽한다.
3 반죽을 1.5cm 두께로 동그랗게 빚고 그 위에 밀가루를 골고루 묻힌다. 달걀을 풀어 달걀물을 만든다.
4 반죽에 달걀물을 살짝 입힌 다음 식용유를 두른 달군 팬에 올려 노릇하게 부친다.
5 깻잎은 찬물에 씻어 꼭지를 뗀 다음 물기를 빼고, 밀가루를 살짝 묻힌다. 반죽을 넣고 반으로 접어 가장자리를 눌러 여민다.
6 깻잎에 달걀물을 살짝 입힌 다음 식용유를 두른 달군 팬에 올려 노릇하게 부친다.

 Recipe 14

바싹불고기

물기 없이 구워 톡톡한 식감과 노릇노릇한 맛을 자랑하는 언양식 바싹불고기.
숟가락으로 눌러 둥글납작하게 모양을 잡아주면 눈도 입도 즐거운 요리가 된답니다.

 2인분

소고기 다짐육 400g • 다진 쪽파 • 식용유 약간씩
양념 배 1/4개 • 사과 1/4개 • 양파 1/2개 • 대파 1대 • 청양고추 1개 • 진간장 3큰술 • 올리고당 1큰술 • 맛술 1큰술 • 다진 마늘 1큰술 • 참기름 1큰술

1 배와 사과, 양파는 믹서에 갈고 대파와 청양고추는 잘게 다진다. 나머지 재료와 섞어 양념을 만든다.
2 큰 볼에 소고기 다짐육과 양념을 넣고 20분간 재운 다음 끈기가 생기도록 치댄다.
3 센 불로 달군 팬에 식용유를 두르고 재워둔 소고기를 한 숟가락씩 올린다. 숟가락으로 납작하게 눌러 모양을 잡고, 중간 불에서 겉면이 노릇해질 때까지 익힌 다음 약한 불로 줄여 한 번만 뒤집어 속까지 익힌다.

Recipe 15

LA갈비구이

손님맞이 상차림에 올리면 좋은 LA갈비예요.
갈비구이에 구운 버섯샐러드를 곁들여 더욱 풍성하게 즐겨보세요.

 3인분

LA갈비 1kg
양념 무 1토막(2cm 두께) • 배 1/4개 • 양파 1/2개 • 매운 건고추 2개 • 진간장 9큰술 • 맛술 4큰술 • 설탕 3큰술 • 다진 마늘 2큰술 • 다진 대파 3큰술 • 다진 생강 1/3큰술 • 참기름 1큰술 • 후추 약간

1 LA갈비는 찬물에 10분간 담갔다가 물을 버리고, 다시 찬물에 1시간 정도 담가 핏물을 완전히 뺀다. 힘줄과 지방을 가위로 제거한 다음 도톰한 살코기 부분에 칼집을 넣는다.
2 무와 배, 양파는 믹서에 갈고 나머지 재료와 함께 섞어 양념을 만든다.
3 움푹한 그릇에 손질한 LA갈비와 양념을 켜켜이 쌓아 3시간 이상 재운다.
4 중간 불로 달군 팬에 재운 LA갈비를 넣고 앞뒤로 노릇하게 굽다가 양념이 타지 않도록 뚜껑을 닫아 약한 불에서 10분 더 익힌다.

TIP
센 불로 달군 팬에 식용유를 살짝 두른 다음 버섯과 소금, 후추를 넣고 볶아요. 샐러드채소에 올리브유와 발사믹 식초, 레몬즙을 넣고 버무린 다음 버섯볶음과 곁들여요.

정성이 가득 담긴 요리는
수고스럽지만 한 번 맛보면 두고두고 생각이 날 거예요.

솜씨를 조금만 더 발휘하면
평범한 재료로도 특별한 메뉴를 차릴 수 있답니다.

Recipe 16

중국식 가지튀김

바삭한 튀김옷과 가지의 촉촉한 즙이 잘 어울어진 가지 요리예요.
소고기와 새우를 다져 넣어 영양도 든든히 챙겼어요.

4인분

소고기 다짐육 200g • 생새우 200g • 가지 2개 • 청주 1큰술 • 다진 마늘 1/2큰술 • 식용유 적당량 • 소금 1/2작은술 • 후추 1/3작은술
튀김옷 전분가루 7큰술 • 밀가루 3큰술 • 달걀물 4큰술 • 물 7큰술
소스 진간장 1큰술 • 식초 1큰술 • 설탕 1큰술 • 다진 청·홍고추·대파 1큰술씩 • 물 1큰술

1

2

1 소고기 다짐육은 키친타월에 올려 핏물을 빼고, 생새우는 식감이 느껴질 정도로 다진다.
2 큰 볼에 소고기 다짐육과 다진 새우, 청주, 다진 마늘, 소금, 후추를 넣고 끈기가 생길 때까지 치대 반죽을 만든다.
3 가지는 1.5cm 두께로 썬 다음 가운데에 칼집을 깊숙이 낸다. 칼집 사이에 밀가루를 살짝 묻히고 반죽을 끼워 넣는다.
4 속을 채운 가지는 튀김옷을 입혀 170도로 가열한 식용유에 노릇하게 튀긴다. 소스를 만들어 곁들인다.

3

4

TIP
가지를 튀기는 중간에 체에 건져 몇 초간 톡톡 쳐요. 다시 가지를 기름에 넣으면 서로 달라붙었던 튀김이 자연스레 떨어지고 더욱 바삭해져요.

 Recipe 17

우렁 강된장

별다른 반찬 없이도 밥 한 공기를 뚝딱 비우게 만드는 강된장.
다양한 제철 쌈채소로 쌈밥을 만들어 먹어도 좋아요.

4인분

우렁 400g · 감자 1개 · 양파 1/2개 · 애호박 1/5개 · 표고버섯 2개 · 양송이버섯 2개 · 대파 1대 · 청·홍고추 1개씩 · 집된장 4큰술 · 고추장 1큰술 · 다진 마늘 1큰술 · 참기름 1큰술 · 소금 · 통깨 약간씩 · 물 5큰술

1 우렁은 소금물에 흔들어 씻은 후 물기를 뺀다. 감자 1/2개, 양파, 애호박, 표고버섯, 양송이버섯은 잘게 썰고 대파와 청·홍고추는 어슷하게 썬다. 남은 감자는 강판에 갈아둔다.
2 냄비에 손질한 감자와 양파, 애호박, 표고버섯, 양송이버섯, 다진 마늘을 넣고 수분이 나올 때까지 볶는다.
3 우렁과 된장, 고추장, 물을 넣고 뭉근하게 끓인다.
4 갈아둔 감자를 넣어 농도를 조절한다. 마지막으로 대파와 청·홍고추, 참기름, 소금, 통깨를 넣고 섞는다.

TIP
감자를 갈아 쓰는 대신 전분물을 넣어도 좋아요.

 Recipe 18

약고추장

비빔밥 양념으로 강력 추천하는 약고추장이에요.
명절 후 각종 나물 반찬이 냉장고에 가득할 때 활용해보세요.

4인분

소고기 다짐육 200g • 양파 1/2개 • 표고버섯 1개 • 고추장 8큰술 • 고춧가루 1+1/2큰술 • 꿀 1큰술 • 다진 마늘 1큰술 • 통깨 2큰술
밑간 진간장 1+1/2큰술 • 올리고당 1큰술 • 맛술 1큰술 • 다진 마늘 1/2큰술 • 참기름 1큰술 • 후추 약간

1 소고기 다짐육은 키친타월에 올려 핏물을 제거한 다음 밑간 재료에 20분간 재운다. 양파와 표고버섯은 잘게 다진다.
2 팬에 재운 소고기를 넣고 뭉치지 않도록 젓가락으로 저으며 볶는다.
3 소고기가 절반 정도 익으면 손질한 양파와 표고버섯, 다진 마늘을 넣고 완전히 익을 때까지 볶는다.
4 고추장과 고춧가루, 꿀을 넣는다. 채소에서 나온 순분이 자작해질 때까지 중간 불에서 볶는다. 불을 끄고 통깨를 뿌려 마무리한다.

 Recipe 19

표고버섯무조림

무의 달큰한 맛과 표고버섯의 독특한 향이 어우러진 건강한 밑반찬이에요.
매운 건고추를 넣어 뒷맛이 깔끔하며 짭쪼롬하고 달큰한 감칠맛이 입맛을 돋워준답니다.

 4인분

무 1/2개 • 표고버섯 5개 • 마늘 5쪽 • 다시마(10x10cm) 1장 • 매운 건고추 3개 • 참기름·통깨 약간씩
조림장 진간장 3/4컵 • 꿀 2큰술 • 설탕 2큰술

1 무는 2cm 두께로 썰어 4등분 하고, 표고버섯은 밑동을 잘라내고 4등분 한다.
2 냄비에 손질한 무와 마늘, 다시마, 매운 건고추를 넣고 물을 넉넉히 부은 후 센 불에서 7분간 끓이다가 다시마를 건져낸다.
3 무가 절반 정도 익으면 표고버섯과 분량의 재료로 만든 조림장을 넣고 중간 불에서 국물이 자작해질 때까지 조린다. 참기름과 통깨를 뿌려 마무리한다.

1

2

3

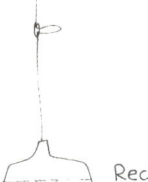 Recipe 20

소고기장조림

입맛 없는 여름철, 밑반찬으로 매일 식탁에 올려도 질리지 않는
칼칼한 소고기장조림 레시피를 소개합니다.

 4인분

소고기(사태) 500g • 꽈리고추 한 줌
조림장 국간장 1/4컵 • 진간장 2/3컵 • 물엿 1/2컵
육수 양파 1/2개 • 대파 1대 • 표고버섯 3개 • 마늘 15쪽 • 생강 약간 • 다시마 (10x10cm) 1장 • 매운 건고추 4개 • 맛술 1/4컵 • 후추 1/2큰술 • 물 4컵

1 소고기는 찬물에 40분간 담가 핏물을 뺀다. 냄비에 소고기와 육수 재료를 넣고 센 불에서 7분간 끓이다가 다시마를 건져낸다. 중간 불로 줄여 40분 더 삶는다.
2 삶은 소고기는 결대로 찢고 표고버섯은 채 썬다. 나머지 건더기를 체에 걸러 맑은 육수를 준비한다.
3 냄비에 육수와 손질한 소고기, 조림장 재료를 넣고 국물이 자작해질 때까지 끓인다.
4 소고기에 간이 배면 꽈리고추와 표고버섯을 넣어 5분 더 끓인다.

Recipe 21

시래기고등어조림

소박하면서 친근한 국민 요리 고등어조림을 비린내 없이 만들어보세요.
매콤달콤한 양념이 잘 밴 고등어와 비타민이 풍부한 겨울나물 시래기로 건강한 밥반찬이 완성되었어요.

2인분

고등어 1마리 • 마른 시래기 25g • 대파 1대 • 청양고추 1개 • 홍고추 1개 • 소금 1/2큰술
조림장 집된장 1/2큰술 • 고추장 1큰술 • 진간장 3큰술 • 고춧가루 3큰술 • 맛술 2큰술 • 다진 마늘 1큰술 • 생강가루 약간

1 냄비에 깨끗이 씻은 시래기와 소금을 넣고 시래기가 잠길 만큼 물을 붓는다. 센 불에서 20분 정도 끓이다가 약한 불로 줄여 1시간 더 끓인다. 삶은 시래기는 찬물에 바락바락 주물러 씻은 후 물기를 뺀다.
2 냄비에 삶은 시래기와 분량의 재료로 만든 조림장의 절반을 넣는다. 시래기가 2/3만큼 잠기도록 물을 붓고 10분 정도 끓인다.
3 고등어와 나머지 조림장을 넣고 센 불에서 끓이다가 약한 불로 줄여 15분 더 끓인다.
4 어슷하게 썬 대파와 청양고추, 홍고추를 넣는다.

TIP
고등어는 쌀뜨물에 30분간 담가두면 비린내를 제거할 수 있어요.

 Recipe 22

명란달걀찜

냉동실 한 켠의 처치곤란 명란젓이 고소한 반찬으로 변신하는 명란달걀찜.
몽글몽글 보드라운 달걀 요리로 따뜻한 밥상을 차려보세요.

 4인분

명란젓 2큰술 • 달걀 5개 • 맛술 1큰술 • 무순(또는 다진 쪽파) 약간 • 참기름 1/2작은술 • 다시마물 3컵

1 명란젓은 칼로 속을 긁어낸 다음 참기름에 버무린다.
2 달걀, 다시마물, 맛술을 체에 내려 달걀물을 만든다.
3 중탕용 내열 용기에 달걀물을 담는다. 찜기에 넣어 뚜껑을 닫고 중간 불에서 찐다.
4 달걀물이 70%쯤 익었을 때 손질한 명란젓을 올리고 약한 불에서 천천히 익힌다. 달걀물이 완전히 익으면 무순이나 다진 쪽파를 올려 마무리한다.

1

2

3

TIP
다시마(10x10cm) 1장을 물 3컵에 담가 30분간 우려내면 분량의 다시마물이 만들어져요.

4

69

 Recipe 23

단호박소갈비찜

달달한 갈비찜에 담백한 단호박을 곁들였어요.
노란 해바라기처럼 피어난 단호박과 갈비찜의 조합에 눈도 입도 즐거워진답니다.

3인분

소갈비 1kg • 단호박 1개 • 당근 1/3개 • 양파 1/2개 • 대파 1대 • 표고버섯 3개 • 매운 건고추 3개 • 대추 6알 • 은행 10알 • 밤 4톨 • 물 1/2컵
삶기 양파 1/2개 • 통후추 1/3큰술
양념 무 1토막(3cm 두께) • 양파 1/2개 • 배 1/4개 • 진간장 9큰술 • 물엿 2큰술 • 맛술 2큰술 • 다진 마늘 2큰술 • 다진 생강 1/5큰술 • 참기름 1큰술 • 설탕 1큰술 • 후추 1/5큰술

1. 소갈비는 1시간 정도 찬물에 담가 핏물을 뺀다. 냄비에 소갈비와 삶기 재료를 넣어 10분간 삶은 후 찬물에 헹군다.
2. 양파, 무, 배는 믹서에 갈고 나머지 재료와 섞어 양념을 만든다. 양념에 소갈비를 넣고 3시간 이상 재워둔다. 대파와 양파는 반으로 자르고, 당근과 밤은 둥글게 깎는다. 은행과 대추는 깨끗이 씻고 표고버섯은 4등분 한다.
3. 냄비에 재워둔 소갈비와 물, 대파, 양파를 넣고 센 불에서 끓이다가 국물이 끓어오르면 중간 불로 줄여 뚜껑을 닫고 30분간 끓인다. 대파와 양파는 건지고 당근과 표고버섯, 매운 건고추, 대추, 은행, 밤을 넣어 20분 더 조린다.

4. 단호박은 비닐봉지에 담아 전자레인지에 4분간 익힌 다음 속을 파낸다. 완성된 소갈비를 단호박에 넣고 다시 찜기나 전자레인지에서 10분간 익히고 단호박을 먹기 좋게 자른다.

TIP
• 소갈비를 조릴 때 양념이 잘 배도록 중간중간 골고루 섞어요.

Recipe 24

돼지고기짜글이찌개

간단한 양념으로도 언제나 맛을 보장할 수 있는 찌개를 소개합니다.
기름기 없이, 달큰함과 매콤함이 잘 어우러진 국물 맛에 반할 거예요.

 2인분

돼지고기(찌개용) 300g • 두부 1/2모 • 감자 3개 • 양파 1/2개 • 대파 1대 • 청양고추 2개 • 진간장 1/2큰술 • 맛술 1큰술 • 새우젓 1큰술 • 다진 마늘 1/2큰술 • 물 2컵
양념 고추장 1+1/2큰술 • 진간장 1/2큰술 • 고춧가루 3큰술 • 다진 마늘 1큰술

1 돼지고기는 진간장과 맛술, 다진 마늘로 밑간한다. 두부와 감자는 깍둑썰기 하고 대파와 청양고추는 송송 썰고 양파는 채 썬다.
2 냄비에 돼지고기를 넣고 겉면이 익을 때까지 볶다가 물을 붓고 감자와 양파, 양념 재료를 넣어 끓인다.
3 중간 불에서 감자가 익을 때까지 끓이다가 새우젓으로 간을 하고, 두부를 넣어 3~4분간 끓인다. 대파와 청양고추를 올려 마무리한다.

Recipe 25

차돌박이된장찌개

보글보글 끓어오른 된장찌개는 언제나 맛있죠.
차돌박이를 넣고 진한 감칠맛을 살린 된장찌개로 든든한 밥상을 차려보세요.

 2인분

차돌박이 10장 • 애호박 1/2개 • 느타리·팽이버섯 한 줌씩 • 대파 1대 • 청양고추 2개 • 집된장 2큰술 • 고추장 1큰술 • 고춧가루 1/2큰술 • 청주 1큰술 • 다진 마늘 1큰술 • 후추 약간
육수 표고버섯 1개 • 다시마(10x10cm) 1장 • 국물용 멸치 10마리 • 물3컵

1 차돌박이는 키친타월에 올려 핏물을 제거하고, 청주와 후추로 밑간한다. 느타리버섯과 팽이버섯은 밑동을 잘라 가닥가닥 찢고 애호박은 반달 모양으로 썬다. 대파와 청양고추는 어슷하게 썬다.

2 냄비에 육수 재료를 넣고 한소끔 끓이다가 국물이 끓어오르면 다시마를 건져낸다. 중간 불에서 10분 더 끓인 후 건더기를 모두 건져 맑은 육수를 준비한다. 표고버섯은 얇게 썰어둔다. 육수가 든 냄비에 표고버섯과 집된장, 고추장, 손질한 애호박과 느타리버섯, 팽이버섯, 다진 마늘을 넣는다.

3 애호박이 익으면 차돌박이를 넣어 한소끔 끓이고, 대파와 청양고추를 넣어 마무리한다.

 Recipe 26

냉이바지락된장국

봄이 왔음을 속삭이는 대표 봄나물 냉이로 끓인 구수한 된장국이에요.
쌉쌀하면서도 은은한 풍미를 가득 담은 한 그릇으로 봄 향기를 느껴보세요.

2인분

냉이 두 줌(120g) • 바지락 15개 • 청양고추 1/2개 • 홍고추 1/2개 • 다시마 (10x10cm) 1장 • 집된장 2큰술 • 고춧가루 1/2큰술 • 다진 마늘 1큰술 • 물 3컵

1 냉이는 잔뿌리와 마른 잎을 손질하고, 찬물에 헹군 다음 체에 받쳐 물기를 뺀다. 바지락은 옅은 소금물에 깨끗이 씻는다.

2 다시마를 찬물에 넣고 30분간 우려내 다시마물을 만든다. 냄비에 다시마물을 붓고 집된장을 풀어 한소끔 끓인 후, 바지락과 다진 마늘을 넣는다.

3 손질한 냉이와 고춧가루를 넣고, 냉이가 골고루 익도록 위아래로 뒤집으며 2분 정도 끓인다.

4 송송 썬 청양고추와 홍고추를 넣어 마무리한다.

TIP
두툼한 냉이 뿌리는 칼집을 내줘야 골고루 잘 익어요.

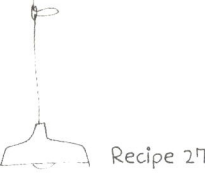 Recipe 27

얼큰 소고기무국

매콤한 국물에 달큰한 감칠맛이 도는 경상도식 소고기무국이에요.
육개장 혹은 소고기국밥처럼 든든하고 따뜻하게 드세요.

 2인분

소고기(국거리용) 150g · 무 1토막(5cm 두께) · 느타리버섯(또는 만송이버섯) 한 줌 · 숙주 한 줌 · 대파 1대 · 청양고추 1개 · 홍고추 1개 · 국간장 1/2작은술 · 다진 마늘 1/2작은술 · 참기름 1/2작은술

양념 국간장 2큰술 · 고춧가루 3큰술 · 다진 마늘 1/2작은술

육수 표고버섯 2개 · 다시마(10x10cm) 1장 · 매운 건고추 2개 · 물 5컵

1 냄비에 육수 재료를 넣고 7분 정도 끓이다가 다시마를 건진다. 10분 정도 더 끓인 후, 표고버섯은 건져서 어슷하게 썬다.
2 무는 나박하게, 대파는 5cm 길이로, 청양고추와 홍고추는 어슷하게 썬다. 느타리버섯은 밑동을 잘라 가닥가닥 찢고, 숙주는 찬물에 헹군 다음 체에 밭쳐 물기를 뺀다.
3 소고기는 키친타월에 올려 핏물을 뺀 다음 국간장과 참기름, 다진 마늘로 밑간한다. 냄비에 소고기를 넣고 겉면이 하얗게 익을 때까지 볶는다.
4 손질한 무와 양념 재료, 육수를 넣고 무가 익을 때까지 푹 끓인다.
5 대파와 느타리버섯, 숙주, 청양고추, 홍고추를 넣고 대파와 숙주가 물러지지 않도록 한소끔 끓인다.

 Recipe 28

연포탕

먹으면 힘이 불끈 솟는 대표적인 보양식입니다.
육수를 우려내 낙지만 넣어도 시원하고 담백한 맛이 난답니다.

 3인분

낙지 2마리 • 당근 1토막(4cm 두께) • 미나리 한 줌 • 대파 1대 • 청양고추 1개 •
홍고추 1개 • 국간장 1큰술 • 밀가루 약간 • 소금 1/3큰술
육수 바지락 150g • 무 1토막(5cm 두께) • 다시마(10x10cm) 1장

1 큰 볼에 낙지와 밀가루를 넣고 주무른 다음 찬물에 헹군다. 미나리는 5cm 길이로 자르고 대파와 청양고추, 홍고추는 어슷하게 썬다. 당근은 반달 모양으로, 무는 나박하게 썬다.
2 전골냄비에 육수 재료를 넣고 끓이다가 바지락이 입을 벌리면 바지락과 다시마를 건져낸다.
3 육수에 국간장과 소금을 넣어 간을 하고, 무가 익을 때까지 끓인다.
4 낙지와 건져둔 바지락, 손질한 채소를 넣고 한소끔 끓인다.

Recipe 29

갈비탕

영양 가득, 정성 가득 우리집 보양식을 소개합니다.
쫄깃한 당면과 송송 썬 대파, 달걀지단을 넉넉히 올려 풍성한 맛을 음미해보세요.

 5인분

갈비 1+1/2kg • 달걀 1개 • 대파 1대 • 당면 약간 • 국간장 2큰술 • 소금·후추 약간씩

육수 무 1토막(10cm 두께) • 양파 1개 • 대파 2대 • 마늘 15쪽 • 매운 건고추 2개 • 생강 1톨 • 대추 10알 • 황기 3뿌리 • 청주 1/2컵 • 통후추 1/2큰술

1 갈비는 찬물에 3시간 정도 담가 핏물을 뺀다. 끓는 물에 갈비를 넣어 5분간 삶은 다음 흐르는 물에 헹군다.
2 냄비에 삶은 갈비와 육수 재료를 모두 넣는다. 센 불에서 뚜껑을 열어 한소끔 끓이고, 뚜껑을 닫아 약한 불에서 1시간 30분 더 끓인다.
3 갈비와 대추를 제외한 재료를 모두 건지고 국간장으로 간을 한다.
4 무는 1cm 두께로 자른다. 당면은 찬물에 1시간 정도 담가 불린다. 달걀은 지단을 부쳐 마름모꼴로 자르고, 대파는 어슷하게 썬다.
5 뚝배기에 당면과 무를 담고 육수를 부어 한소끔 끓인다. 지단과 대파를 올리고 후추를 뿌린다. 부족한 간은 소금으로 맞춘다.

TIP
갈비를 삶을 때 국자로 기름을 떠내거나, 국물을 밀폐 용기에 담아 냉장고에서 굳혀 기름을 걷어내면 깔끔한 맛을 낼 수 있어요.

Recipe 30

묵은지닭볶음탕

구수한 묵은 김치와 칼칼한 양념이 밴 닭고기의 조합은 절대 맛없을 수 없죠.
밥맛이 절로 좋아지는 묵은지닭볶음탕으로 푸짐한 상을 차려보세요.

3인분

닭 1마리(850g) • 묵은지 1/5포기 • 무 1토막(4cm 두께) • 당근 1/2개 • 양파 1개 • 대파 1대 • 청양고추 2개 • 홍고추 1개 • 월계수잎 3장 • 녹차가루 1큰술
양념 고추장 1큰술 • 진간장 5큰술 • 고춧가루 3큰술 • 올리고당 2큰술 • 맛술 2큰술 • 다진 마늘 1큰술 • 다진 생강 약간 • 카레가루 1/2큰술 • 후추 약간

1

2

1 닭은 흐르는 물에 깨끗이 씻는다. 냄비에 물을 붓고 닭과 월계수잎, 녹차가루를 넣어 2분 정도 끓인다. 닭 껍질이 하얗게 익으면 찬물에 헹구고 물기를 뺀다.
2 무는 나박하게, 당근은 반달 모양으로 썬다. 대파와 청양고추, 홍고추는 송송 썰고 양파는 깍둑썰기 한다.
3 냄비에 무 - 묵은지 - 당근과 양파 - 닭 - 분량의 재료로 만든 양념을 순서대로 담든다. 재료가 절반 정도 잠기도록 물을 붓는다.
4 뚜껑을 열고 센 불에 한소끔 끓이다가 뚜껑을 닫고 중간 불로 줄여 30분 더 끓인다. 국물이 자작해지면 대파와 청양고추, 홍고추를 넣는다.

3

Recipe 31

얼큰 만두전골

송송 썬 김치와 커다란 왕만두, 버섯을 넣어 시원함과 얼큰함을 맛볼 수 있는 전골이에요.
따끈한 국물이 생각날 때 자투리 채소를 더해 푸짐하게 즐겨보세요.

4인분

만두 5개 • 다진 김치 1컵 • 두부 1/3모 • 양파 1개 • 애호박 1/4개 • 만송이버섯과 양송이버섯 70g • 청경채 1포기 • 대파 1/2대 • 청양고추 2개 • 홍고추 1개 • 우동면(혹은 떡국떡) 약간 • 새우젓 1/2큰술
양념 국간장 1큰술 • 고춧가루 2큰술 • 청주 1큰술 • 다진 마늘 1큰술 • 후추 약간
육수 표고버섯 3개 • 다시마(10x10cm) 1장 • 국물용 멸치 15마리 • 매운 건고추 3개 • 물 5컵

1 냄비에 육수 재료를 넣고 7분간 끓이다가 다시마를 건져낸다. 중간 불에 10분 더 끓인 후 건더기를 모두 건져 맑은 육수를 준비한다. 표고버섯은 얇게 썰어둔다.
2 만송이버섯은 밑동을 잘라 가닥가닥 찢고 양송이버섯은 얇게 썬다. 두부는 한입 크기로, 애호박은 반달 모양으로 썬다. 대파와 청양고추, 홍고추는 어슷하게 썰고 양파는 채 썬다. 청경채는 밑동에 칼집을 내 반으로 찢는다.
3 전골냄비 바닥에 양파를 깔고 김치와 분량의 재료로 만든 양념을 올린다. 손질한 채소와 만두, 두부를 둘러 담고 육수를 부어 끓인다.
4 국물이 바글바글 끓으면 우동면이나 떡국떡을 넣고, 부족한 간은 새우젓으로 맞춘다.

Recipe 32

밀푀유나베

특별한 모임이 있는 날, 여럿이 둘러 앉아 먹기 좋은 음식이에요.
천 개의 잎사귀가 피어난 듯한 뜨끈한 냄비 요리로 솜씨를 발휘해보세요.

4인분

소고기(샤브샤브용) 600g • 알배추 1포기 • 깻잎 30장 • 숙주 두 줌 • 만송이버섯 한 줌 • 팽이버섯 약간 • 국간장 2큰술 • 맛술·후추 약간씩

육수 무 1토막(4cm) • 양파 1/2개 • 대파 1/2대 • 표고버섯 2개 • 다시마 (10x10cm) 1장 • 국물용 멸치 15마리

소스 레몬 1조각 • 청·홍고추 약간씩 • 연와사비 약간 • 진간장 4큰술 • 육수 2큰술 • 식초 1큰술 • 설탕 1큰술

1. 소고기는 키친타월에 올려 핏물을 빼고, 알배추와 깻잎, 숙주는 흐르는 물에 씻고 물기를 뺀다. 만송이버섯과 팽이버섯은 밑동을 잘라 가닥가닥 찢는다.
2. 냄비에 육수 재료를 넣고 센 불에서 7분간 끓이다가 다시마를 건져낸다. 중간 불에서 15분 더 끓인 다음 건더기는 건지고 국간장으로 간을 맞춘다.
3. 알배추와 깻잎, 소고기를 한 장씩 순서대로 쌓은 뒤 전골냄비의 높이에 맞춰 3~5cm 길이로 썬다.
4. 전골냄비 바닥에 숙주를 깔고 3의 채소를 가장자리부터 채운다. 중앙에는 버섯을 담고, 육수를 자작하게 붓는다. 맛술과 후추를 넣어 끓인 후 분량의 재료로 만든 소스를 곁들인다.

TIP
남은 국물에 칼국수를 넣어 끓이거나 다진 김치와 달걀, 김가루, 참기름을 넣어 볶음밥을 하면 맛있어요.

Table 02

간편하고 든든하게 차려내는
한 그릇 요리

느긋하게 일어나는 주말 아침이나 바쁜 하루를 마친 저녁,
맛과 영양을 살리며 간단하게 요리하고 싶을 때가 있죠?
반찬이 없어도 한 끼를 해결할 수 있는 한 그릇 요리를 만들어보세요.
든든하게 몸과 마음에 활력을 불어넣어줄 거예요.

 Recipe 1

버섯밥

고슬고슬한 밥알과 버섯의 은은한 향이 일품이에요.
각종 해산물이나 제철 나물을 넣어 다양한 종류의 냄비밥으로 응용해도 맛있어요.

3인분

쌀 2컵 • 표고버섯 3개 • 양송이버섯 2개 • 느타리버섯 한 줌 • 팽이버섯 약간 •
물 2컵
양념간장 쪽파(혹은 달래) 한 줌 • 청 · 홍고추 2개씩 • 진간장 4큰술 • 고춧가루
2큰술 • 다진 마늘 1큰술 • 참기름 1큰술 • 물 2큰술

1 쌀은 흔들어 씻어 3~4번 헹구고, 30분간 불린 다음 체에 밭쳐 물기를 뺀다.
2 버섯은 모두 밑동을 잘라낸 다음 표고버섯과 양송이버섯은 0.5mm 두께로 어슷하게 썰고, 느타리버섯과 팽이버섯은 가닥가닥 찢는다.
3 냄비에 불린 쌀을 담고, 팽이버섯을 제외한 버섯을 차곡차곡 올린 후 물을 붓는다.
4 뚜껑을 닫고 센 불에서 5분 정도 끓이다가 밥물이 끓어오르면 약한 불로 줄여 10분 더 끓인다. 팽이버섯을 넣고 불을 끈 다음 뚜껑을 닫아 5분간 뜸을 들인다.

TIP
• 버섯에서 수분이 많이 나오기 때문에 쌀과 물은 1:1 비율로 맞춰요. 고슬고슬한 밥을 원하거나 버섯 양이 많으면 물을 3~4스푼 덜어내요.
• 누룽지를 만드려면 5분 더 뜸을 들여요.

 Recipe 2

톳 전복밥

톳과 전복을 한 그릇에 담아낸 겨울 보양식이랍니다.
담백한 맛에 속이 편해져, 기운 없을 때 먹으면 좋아요.

3인분

쌀 2컵 • 전복 5마리 • 톳 한 줌(80g) • 맛술 1큰술 • 참기름 1큰술 • 소금 1/2큰술 • 물 2컵
양념간장 쪽파(혹은 달래) 한 줌 • 청·홍고추 2개씩 • 진간장 4큰술 • 고춧가루 2큰술 • 다진 마늘 1큰술 • 참기름 1큰술 • 물 2큰술

1 톳은 찬물에 흔들어 씻는다. 끓는 물에 소금을 넣고 톳을 5~10초간 데친 다음 찬물에 헹구고 2cm 길이로 썬다.
2 깨끗이 씻은 전복은 내장과 몸통을 분리한 다음 몸통은 어슷하게 썰고, 내장은 잘게 다진다. 쌀은 처음 씻은 물을 버리고, 다시 3~4번 주물러 씻은 다음 찬물에 30분간 불린다.
3 냄비에 다진 전복 내장과 참기름, 맛술을 넣어 볶는다. 쌀과 톳을 넣고 물을 붓는다.
4 뚜껑을 닫고 센 불에서 5분 정도 끓이다가 어슷하게 썬 전복을 넣고 약한 불로 줄인 후 10분 더 끓인다. 불을 끄고 5분간 뜸을 들인다.

 Recipe 3

마늘종새우볶음밥

마늘종만 있으면 기름진 볶음밥을 부담없이 즐길 수 있어요.
알싸한 맛의 마늘종이 느끼함을 잡아주면서 색다른 풍미를 선물하거든요.

 2인분

밥 2공기 • 마늘종 4줄기 • 칵테일새우 2컵 • 파프리카 약간 • 굴소스 1큰술 • 맛술 1큰술 • 식용유 · 소금 · 후추 약간씩

1 마늘종은 0.5mm 길이로 썰고 파프리카는 잘게 다진다. 칵테일 새우는 맛술과 소금, 후추를 뿌려 밑간하고 밥은 넓게 펼쳐 식힌다.
2 팬에 식용유를 두르고 중간 불에서 칵테일 새우를 익힌 다음 손질한 파프리카와 마늘종을 넣고 센 불에서 볶으며 소금으로 간을 한다.
3 팬에 밥과 굴소스를 넣고 볶는다.

TIP
마늘종을 너무 오래 볶으면 아삭아삭한 식감을 살릴 수 없어요.

Recipe 4

황금볶음밥

달걀물이 밥알에 코팅되어 평범했던 볶음밥의 맛을 업그레이드 해줘요.
밥과 달걀, 자투리 채소만 있다면 가능한 초간단 요리예요.

 2인분

밥 2공기 • 달걀 2개 • 베이컨 5줄 • 당근 1/4개 • 애호박 1/5개 • 대파 1/4대 • 마늘 2쪽 • 소금 1/3큰술 • 후추 약간

1 당근, 애호박, 대파는 잘게 다진다. 마늘은 편으로, 베이컨은 적당한 크기로 썬다.
2 큰 볼에 달걀을 풀고 밥을 넣는다. 젓가락으로 골고루 섞어 밥알에 달걀물을 입힌다.
3 팬에 베이컨을 넣어 바삭하게 구운 후 키친타월에 올려 기름을 뺀다.
4 팬에 남아 있는 베이컨 기름에 마늘을 노릇해질 때까지 볶다가 밥을 넣는다. 달걀물이 익을 때까지 젓가락으로 저으며 볶다가 손질한 채소와 소금을 넣고 볶는다. 베이컨을 섞어 마무리하고 후추를 뿌린다.

1

2

3

4

Recipe 5

치즈김치볶음밥

요리하기 귀찮을 때 간단히 해먹는 자취생 요리의 재탄생!
노릇한 치즈누룽지를 더해, 더욱 고소한 김치볶음밥을 만들어보세요.

1인분

밥 1공기 • 달걀 1개 • 베이컨 3줄 • 다진 김치 2/3컵 • 당근 • 애호박 1토막 (2cm 두께)씩 • 양파 1/4개 • 모차렐라치즈 2/3컵 • 식용유 1큰술 • 참기름 • 소금 약간씩

1 베이컨과 당근, 애호박, 양파는 잘게 다지고, 달걀은 곱게 풀어 둔다.
2 팬에 베이컨을 넣어 바삭하게 굽다가 기름이 나오면 손질한 당근과 애호박, 양파를 볶는다. 채소가 다 익으면 김치를 넣고 볶는다.
3 김치가 반쯤 투명해지면 밥을 넣어 볶고, 부족한 간은 소금으로 맞춘다.
4 볶음밥을 그릇에 담고 팬에 뒤집어 올려 동그랗게 모양을 잡는다. 가장자리에 모차렐라치즈와 달걀물을 둘러 약한 불에서 익힌다.

Recipe 6

간 편 알 밥

입안에서 톡톡 터지는 날치알을 듬뿍 담아 만들었어요.
자투리 채소를 이용해, 10분이면 간단하고 푸짐하게 알밥을 즐길 수 있어요.

🥄 1인분

밥 1공기 • 날치알 2큰술 • 다진 김치 · 단무지 · 파프리카 2큰술씩 • 무순 약간 • 후리카케 1큰술 • 맛술 1큰술 • 참기름 1큰술

1 날치알은 맛술을 뿌려 비린내를 제거하고 체에 밭쳐 물기를 뺀다.
2 뚝배기를 중간 불에 올려 달군다.
3 뚝배기에 참기름을 두르고 밥을 넣어 골고루 섞은 다음 뚜껑을 닫고 3분간 밥을 데운다.
4 밥 위에 날치알과 김치, 단무지, 파프리카, 후리카케, 무순을 둘러 담는다.

TIP
무김치(깍두기, 석박지)를 다져 넣으면 오독오독 식감이 좋아져요.

 Recipe 7

꼬막비빔밥

오동통 쫄깃쫄깃한 꼬막을 맛있게 먹을 수 있는 요리를 준비했어요.
따뜻한 밥 위에 새콤달콤한 꼬막무침을 얹어 감칠맛을 느껴보세요.

2인분

밥 2공기 · 꼬막 600g · 무 1토막(4cm 두께) · 당근 1/2개 · 양파 1/2개 · 미나리 한 줌
양념 집된장 1/3큰술 · 고추장 2큰술 · 고춧가루 2큰술 · 매실청 2큰술 · 사과식초 3큰술 · 맛술 1큰술 · 레몬즙 1큰술 · 설탕 2큰술 · 다진 대파 2큰술 · 다진 고추 · 다진 마늘 1큰술씩 · 참기름 1큰술 · 통깨 1/2큰술

1 꼬막은 깨끗한 물에 바락바락 주물러 씻는다. 냄비에 물을 붓고 끓이다가 물이 끓어오르면 찬물을 약간 넣은 다음 꼬막을 넣는다. 수저로 한 방향으로 젓다가 꼬막이 입을 벌리기 시작하면 건진다.
2 꼬막을 체에 밭쳐 한김 식힌다. 꼬막 삶은 물에 발라낸 꼬막살을 살살 흔들어 헹군다.
3 무와 당근, 양파는 4cm 길이로 채 썰고, 미나리도 동일한 길이로 자른다.
4 큰 볼에 꼬막살과 손질한 채소, 분량의 재료로 만든 양념을 넣어 버무린 후 밥 위에 올린다.

TIP
- 꼬막 삶은 물의 불순물이 가라앉으면 맑은 윗물만 따라내어 꼬막살을 헹궈요.
- 미나리 대신 부추나 달래를 사용해도 맛있어요.

Recipe 8

성게알 비빔밥

싱싱한 성게알을 넣은 비빔밥은 입맛을 되찾는 데 최고인 한그릇 요리예요.
집에 있는 채소를 활용해 간단히 만들어보세요.

 1인분

밥 1공기 • 성게알 150g • 당근 1/4개 • 샐러드채소·무순 약간씩 • 김가루 2큰술 • 참기름 1/2큰술

1 샐러드채소는 찬물에 담갔다가 채에 밭쳐 물기를 뺀다.
2 당근은 얇게 채 썰고, 무순은 깨끗이 씻어 물기를 뺀다.
3 밥 위에 샐러드채소, 당근, 무순, 성게알을 올리고 참기름과 김가루를 뿌린다.

TIP
성게가 알을 낳는 시기인 여름에 즐기면 더욱 맛있어요.

1

2

3

 Recipe 9

매콤 치킨마요덮밥

도시락집의 인기 메뉴이자 주말에 시켜먹고 남은 치킨으로 만드는 알뜰 한 그릇 요리.
매콤달콤한 소스로 깔끔한 맛을 살렸어요.

🍳 1인분

밥 1공기 • 닭다리살 400g • 달걀 2개 • 양파 1/2개 • 청양고추 2개 • 쪽파 1줄기 • 마요네즈 · 식용유 약간씩
밑간 맛술 1큰술 • 소금 · 후추 1/3큰술씩
소스 매운 건고추 4개 • 진간장 3큰술 • 고춧가루 2큰술 • 핫칠리소스 2큰술 • 올리고당 2큰술 • 맛술 2큰술 • 다진 마늘 1큰술 • 물 5큰술

1 닭다리살은 지저분한 지방을 잘라내고, 먹기 좋은 크기로 썰어 분량의 재료로 밑간한다. 청양고추는 어슷하게, 양파는 채 썬다. 달걀은 곱게 풀어 달걀물을 만들어둔다.
2 팬에 손질한 닭다리살과 양파, 소스 재료를 넣고 수분을 날리듯 센 불에 볶는다.
3 식용유를 살짝 두른 팬에 달걀물을 부어 익힌 다음 채 썰어 지단을 만든다. 쪽파는 잘게 다진다.
4 밥 위에 달걀지단과 볶은 닭다리살을 올린 후 마요네즈와 쪽파를 뿌려 마무리한다.

때로는 온전히 나를 위해 요리를 해봐요.

Recipe 10

장어덮밥

스테미나 하면 떠오르는 장어를 간단히 한 끼 요리로 만들었어요.
장어덮밥으로 허해진 몸과 마음에 힘을 보충해요.

 2인분

밥 2공기 • 손질된 장어 1마리 • 생강 1톨 •
쪽파 2줄기 • 청주 2큰술 • 후추 · 식용유
약간씩
양념 양파 1/4개 • 진간장 4큰술 • 물엿
2큰술 • 맛술 3큰술 • 다진 마늘 1/2큰
술 • 후추 약간 • 다시마물 1컵

1. 장어는 키친타월로 물기를 닦고, 청주와 후추 약간을 뿌려 10분간 재운다. 쪽파는 송송 썰고 생강은 얇게 채 썬다.
2. 식용유를 두른 팬에 장어를 넣고 앞뒤로 노릇하게 구워 접시에 담아둔다.
3. 팬에 채 썬 생강 절반과 양념 재료를 넣고 중간 불에서 양념이 절반으로 줄어들 때까지 끓인다. 구운 장어를 넣고 양념을 골고루 바르며 앞뒤로 구운 후 먹기 좋게 자른다. 밥 위에 구운 장어와 나머지 생강, 쪽파를 올려낸다.

Recipe 11

차돌박이참나물덮밥

향긋한 참나물을 새콤하게 무쳐 밥 위에 얹었어요.
차돌박이를 더해 고소함까지 담아내면 메뉴 고민은 끝이에요.

1인분

밥 1공기 • 차돌박이 300g • 양파 1/2개 • 참나물과 샐러드채소 100g • 통깨 약간
밑간 청주 2큰술 • 소금 1/2큰술 • 후추 1/3큰술
양념 진간장 2큰술 • 꿀 1큰술 • 식초 2큰술 • 다진 마늘 1/2큰술 • 참기름 1큰술

1 참나물은 줄기를 자르고 마른 잎을 뗀 다음, 샐러드채소와 함께 찬물에 담가둔다. 양파는 얇게 채 썰어 찬물에 담가 매운맛을 뺀다.
2 차돌박이는 분량의 재료로 밑간한 다음 팬에 노릇하게 굽고, 키친타월에 올려 기름을 뺀다.
3 큰 볼에 참나물과 샐러드채소, 양파, 양념 재료를 넣고 젓가락으로 살살 버무린다.
4 밥 위에 참나물무침과 차돌박이를 담고 통깨를 뿌린다.

Recipe 12

소고기규동

일본식 불고기덮밥, 규동을 쉽게 만들어보았어요.
달큰한 소스를 곁들이면 집에서도 근사한 맛을 즐길 수 있어요.

 2인분

밥 2공기 • 소고기(샤브샤브용) 250g • 달걀 노른자 1개 • 양파 1/3개 • 쪽파 2줄기 • 고춧가루 약간
소스 진간장 2큰술 • 맛술 2큰술 • 다진 생강 1/3작은술 • 설탕 1큰술 • 다시마물 1컵

1 양파는 얇게 채 썰고 쪽파는 잘게 다진다.
2. 소고기는 뜨거운 물에 30초간 데쳐 누린내를 없앤다.
3 팬에 양파와 소스 재료를 넣고 10분간 졸인 다음 데친 소고기를 넣고 살짝 볶는다.
4 밥 위에 소고기볶음과 달걀 노른자를 올리고, 다진 쪽파와 고춧가루를 솔솔 뿌린다.

TIP
소고기를 보들보들하게 데치려면 핑크빛이 돌 때 물에서 꺼내요.

 Recipe 13

찬밥 참치죽

자투리 채소를 100배 활용해 만드는 참치죽을 소개합니다.
요리하기 싫은 주말의 한 끼, 출출한 저녁의 야식 메뉴로도 추천하는 간단 요리예요.

 2인분

찬밥 2공기 · 참치캔 1개(150g) · 당근 ·
애호박 1토막씩(3cm 두께) · 양파 1/3개 ·
부추(또는 쪽파) 약간 · 국간장 1큰술 ·
소금 약간 · 물 2+1/2컵

1 당근과 애호박, 양파, 부추는 잘게 다진다. 참치는 체에 받쳐 기름을 뺀다.
2 냄비에 찬밥과 물을 넣고 밥알이 퍼질 때까지 끓인다.
3 손질한 당근과 애호박, 양파를 넣고 눋지 않도록 저으며 5분간 끓인다. 참치와 부추, 국간장을 넣고 부족한 간은 소금으로 맞춘다.

1

2

3

Recipe 14

돌나물비빔국수

쌉쌀한 돌나물과 싱그러운 채소를 듬뿍 담은 국수 한 그릇.
입 안에서 활짝 피어난 봄을 느낄 수 있어요.

 1인분

돌나물 한 줌 • 소면 100g • 양배추 1/2잎 • 당근 1/6개 • 양파 1/5개 • 참기름 약간
양념 고추장 2큰술 • 진간장 1큰술 • 고춧가루 1큰술 • 식초 2큰술 • 매실청 1큰술 • 설탕 2큰술 • 다진 마늘 1/2큰술 • 참기름 1큰술 • 통깨 약간

1 돌나물은 찬물에 씻어 물기를 뺀다. 양배추와 당근과 양파는 얇게 채 썬다.
2 소면은 끓는 물에 삶아 찬물에 헹군 뒤 체에 밭쳐 물기를 뺀다.
3 그릇에 소면과 돌나물을 담고 채 썬 양배추와 당근, 양파를 올린 다음 참기름을 뿌린다. 분량의 재료로 양념을 만들어 따로 곁들인다.

1

2

3

Recipe 15

두유콩국수

여름 별미 콩국수를 더욱 진하고 부드럽게 만드는 비법을 알려줄게요.
두유와 잣을 넣으면 진한 국물의 콩국수를 만들 수 있어요.

🥣 2인분

소면 200g • 콩(백태) 1컵 • 잣 1/3컵 • 방울토마토 2개 • 오이 약간 • 두유 1컵
우유 1컵 • 설탕·소금 약간씩 • 검은깨 약간

1 콩은 한나절 이상 찬물에 불린다. 물을 넉넉하게 부은 냄비에 불린 콩을 넣고 물이 끓어오르면 5분 더 삶는다. 삶은 콩은 찬물에 헹구며 손으로 비벼 껍질을 벗긴다.
2 믹서에 콩과 잣, 두유, 우유를 넣고 갈아 콩물을 만든 후 냉장고에 넣는다.
3 소면은 삶아 찬물에 헹구고 물기를 뺀다. 그릇에 소면을 말아 담고, 차갑게 식힌 콩물을 붓는다. 반으로 자른 방울토마토와 채 썬 오이, 검은깨를 올린다. 설탕과 소금으로 간을 한다.

Recipe 16

오색잔치국수

알록달록, 오색 고명을 얹은 잔치국수.
시원하고 얼큰한 국물이 속을 든든하게 채워줄 거예요.

2인분

소면 200g • 달걀 2개 • 당근 1/3개 • 양파 1/3개 • 애호박 1/2개 • 식용유 약간
육수 무 1토막(4cm 두께) • 표고버섯 2개 • 다시마(10x10cm) 1장 • 국물용 멸치 20마리 • 물 5컵
양념간장 대파 1/2대 • 청양고추 1개 • 국간장 1큰술 • 진간장 2큰술 • 고춧가루 2큰술 • 다진 마늘 1큰술 • 참기름 약간 • 통깨 1큰술 • 육수 2큰술

1 냄비에 육수 재료를 넣고 7분 정도 끓이다가 다시마를 건져낸다. 10분 더 끓인 후 표고버섯은 따로 건져둔다.
2 당근과 양파, 애호박, 표고버섯은 4cm 길이로 가늘게 채 썰어 식용유를 두른 팬에 각각 볶는다. 달걀은 지단으로 부쳐 채 썬다.
3 고춧가루가 불어나도록 분량의 재료로 양념간장을 만들어둔다.
4 소면은 삶아 찬물에 헹구고 물기를 뺀다. 그릇에 소면을 말아 담고, 채소와 지단을 올린다. 육수를 부은 후 양념간장을 곁들인다.

 Recipe 17

황태칼국수

바쁠 땐 푸르륵 한소끔 끓여내는 칼국수로 한 끼를 해결하는 게 편하지요.
시원하고 칼칼한 국물 맛을 자랑하는 황태칼국수에 도전해보세요.

2인분

칼국수면 200g • 황태 1마리 • 양파 1/2개 • 애호박 1토막(3cm) • 청양고추 1개 • 홍고추 1/2개 • 국간장 2큰술 • 맛술 1큰술 • 다진 마늘 1큰술 • 참기름 1/2큰술 • 소금·후추 약간씩
육수 황태 머리와 꼬리 • 무 1토막(3cm 두께) • 다시마 (10x10cm) 1장

1 황태는 머리와 꼬리를 자르고 흐르는 물에 씻는다. 물기를 꼭 짜고 30분간 불린 다음 결대로 찢어 국간장 1큰술과 맛술, 참기름, 다진 마늘로 밑간한다.
2 양파와 애호박은 채 썰고, 청양고추와 홍고추는 어슷하게 썬다.
3 냄비에 육수 재료를 넣고 7분간 끓이다가 다시마를 건지고 10분 더 끓인다. 나머지 건더기를 건져 맑은 육수를 준비한다.
4 냄비에 육수와 양파, 애호박, 국간장 1큰술을 넣고 끓이다가 채소가 다 익으면 칼국수면과 청양고추, 홍고추를 넣는다. 후추를 뿌리고 부족한 간은 소금으로 맞춘다.

TIP
칼국수면의 전분가루를 털고 끓여야 국물이 텁텁하지 않아요.

Table 03

함께 먹는 즐거움을 전하는
패밀리레스토랑 요리

좋은 사람들과 함께하는 시간에 근사한 식사가 빠지면 섭섭하지요.
홈파티 테이블에 레스토랑 인기 메뉴들을 재현해보는 건 어떨까요?
구하기 쉬운 재료로 생각보다 간단히 요리할 수 있답니다.
'우리의 특별한 날을 위한 요리'로 모임을 더욱 특별하게 기념해보세요.

 Recipe 1

Family
Restaurant
Recipe

식탁을 풍성하게 만드는
메인 메뉴

가지그라탕

가지를 베이스로 요리한 이탈리아 가정식, 멜란자네(Melanzane)예요.
그라탕을 더욱 건강하고 간편하게 즐길 수 있답니다.

 2인분

가지 2개 · 토마토소스 1컵 · 모차렐라치즈 1+1/2컵 · 파마산치즈가루 약간 · 바질가루 · 소금 · 후추 약간씩

1 가지는 필러로 얇게 썰어 소금과 후추로 간을 한다. 마른 팬에서 수분을 날리며 70% 정도 익힌다.
2 가지를 펼쳐 모차렐라치즈를 얹고 돌돌 말아준다.
3 내열 용기에 토마토소스와 가지를 담고 바질가루를 뿌린다.
4 190도로 예열한 오븐에 넣어 10분 정도 익힌다. 파마산치즈가루를 뿌린다.

TIP
- 전자레인지에서 치즈가 녹고 가지가 노릇해질 때까지 익혀도 돼요.
- 생가지는 뻣뻣하고 너무 익힌 가지는 흐물흐물해지니, 팬에서 70%만 익혀 치즈를 말아요.

Recipe 2
떠먹는 감자피자

냉장고에 보관해둔 토르티야로 가끔 무슨 요리를 해야 하나 고민할 때가 있죠.
각종 자투리 식재료와 함께 요즘 인기 있는 떠먹는 피자를 만들어보는 건 어떨까요?

2인분

토르티야 1장 • 비엔나 소시지 7개 • 감자 3개 • 파프리카 • 방울토마토 약간
씩 • 할라피뇨 1개 • 올리브절임 약간 • 토마토소스 2큰술 • 버터 1큰술 • 모차렐
라치즈 1컵 • 크림치즈 1큰술 • 마요네즈 1큰술 • 파슬리가루 • 소금 약간씩

1 끓는 물에 소금과 껍질을 벗긴 감자를 넣어 삶는다. 감자를 꺼내
  으깬 후 크림치즈, 마요네즈와 섞는다.
2 비엔나 소시지는 칼집을 내어 끓는 물에 데친다. 방울토마토는
  반으로 자르고 올리브절임은 슬라이스 한다. 파프리카와 할라
  피뇨는 잘게 다진다.
3 팬에 버터를 바르고, 토르티야를 뜯어 바닥에 깐다.
4 으깬 감자 - 토마토소스 - 비엔나 소시지와 손질한 채소 - 모차렐
  라치즈 - 파슬리가루를 토르티야 위에 순서대로 올리고 190도로
  예열한 오븐에서 10분 정도 굽는다.

Recipe 3

고구마 사과 그라탕

집에 가득가득 쌓인 고구마와 사과를 활용한 요리예요.
부드러움과 아삭함을 동시에 느낄 수 있는 특별한 그라탕이지요.

1

2

4

 2인분

고구마 1개 • 사과 1/2개 • 캔옥수수 3큰술 • 모차렐라치즈 1컵 • 크림치즈 2큰술 • 우유 2큰술 • 건크랜베리 · 파슬리가루 · 시나몬파우더 약간씩

1 고구마와 사과는 1cm 크기로 깍둑썰기 한다. 고구마는 전자레인지에서 2분간 익힌다.
2 큰 볼에 익힌 고구마와 크림치즈, 우유를 넣고 으깬다.
3 으깬 고구마에 사과와 캔옥수수, 건크랜베리, 시나몬파우더를 넣어 섞은 후 내열 용기에 담는다.
4 모차렐라치즈와 파슬리가루를 뿌리고, 180도로 예열한 오븐에서 15분간 굽는다.

Recipe 4

버섯리조또

이탈리아 요리인 리조또는 쌀로 요리해 우리 입맛에도 낯설지 않죠.
치즈를 듬뿍 넣어 짭쪼름하게 코팅된 쌀알이 한가득 담긴 밥 요리예요.

1인분

쌀 1컵·베이컨 2줄·양파 1/2개·양송이버섯 5개·치킨스톡 1개·버터 1큰술·화이트와인 1/4컵·파마산치즈가루 2큰술·올리브유 1큰술·파슬리가루·후추 약간씩·물 2컵

1. 양송이버섯은 어슷하게, 베이컨은 1cm 길이로 썰고 양파는 잘게 다진다. 쌀은 살짝 씻어 물기를 빼고, 치킨스톡은 물에 녹인다.
2. 팬에 올리브유를 두르고 센 불에서 베이컨을 볶다가 약한 불로 줄인 후 양파를 넣고 볶는다.
3. 쌀을 넣고 가볍게 볶다가 화이트와인을 붓는다. 알콜이 날아가면 치킨스톡 녹인 물을 3~4번 나눠 넣는다. 중간 불에서 저어가며 쌀을 익힌다.
4. 쌀이 거의 익으면 손질한 양송이버섯과 버터, 파마산치즈가루를 넣고 한 번 더 볶는다. 후추와 파슬리가루를 뿌린다.

TIP
파마산치즈가루를 넣을 때 간을 보며 양을 조절해요.

 Recipe 5

빠에야

빠에야는 쌀에 해산물을 듬뿍 넣고 만드는 스페인식 볶음밥이에요.
여러 사람이 모인 자리에 풍성하게 내면 좋아요.

2인분

쌀 1+1/2컵 • 새우 5마리 • 홍합 6개 • 모시조개 10개 • 양파 1/2개 • 마늘 5쪽 •
페페론치노 3개 • 화이트와인 1/4컵 • 카레가루 2큰술 • 올리브유 1큰술 • 후추
약간 • 물 2컵

1 쌀은 씻은 후 물에 담가 30분간 불린다. 새우와 홍합, 모시조개는 깨끗이 씻어 물기를 뺀다. 양파는 잘게 다지고 마늘은 편으로 썬다.
2 팬에 올리브유를 두르고 마늘을 볶다가 양파와 페퍼론치노를 넣어 살짝 볶는다. 불린 쌀을 넣고 올리브유에 코팅하듯 골고루 볶는다.
3 따뜻한 물에 카레가루를 푼 뒤 팬에 넣어 골고루 섞는다. 뚜껑을 닫고 중간 불에서 쌀을 익힌다.
4 쌀이 거의 익고 국물이 자작해지면 새우와 홍합, 모시조개, 화이트와인을 넣고 센 불에서 알코올을 날리며 끓인다. 약한 불로 줄인 후 뚜껑을 닫고 해산물이 익을 때까지 끓인 다음 뚜껑을 열고 수분을 증발시킨다. 후추를 뿌려 완성한다.

TIP
- 쌀을 여러 번 씻어 전분기를 빼야 빠에야가 고슬고슬해져요.
- 찬밥으로 만들어도 좋아요.

 Recipe 6

샐러드파스타

풋풋한 채소와 새콤달콤한 선드라이토마토를 곁들였어요.
오일 베이스 올리오에 샐러드를 더하면 더욱 상큼하고 든든하게 스파게티를 즐길 수 있어요.

1인분

파스타면 100g • 칵테일새우 1/2컵 • 샐러드채소 한 줌 • 양파 1/5개 • 마늘 3쪽 • 페페론치노(또는 매운 건고추) 3개 • 선드라이토마토 1/2컵 • 버터 1큰술 • 화이트와인 1/3컵 • 파마산치즈가루 약간 • 올리브유 2큰술 • 바질가루 • 소금 • 후추 약간씩
드레싱 올리브유 3큰술 • 레몬즙 3큰술 • 설탕 1큰술 • 소금 • 후추 약간씩

1 끓는 물에 소금과 파스타면을 넣고 8분간 삶은 후 물기를 뺀다. 면 삶은 물을 1/2컵 남겨둔다. 샐러드채소는 찬물에 담그고 마늘은 편으로 썬다. 페페론치노와 양파는 잘게 다진다.
2 팬에 올리브유를 두르고 약한 불에서 마늘이 노릇해질 때까지 볶는다. 페페론치노와 양파를 넣어 볶다가 향이 올라오면 칵테일새우와 화이트와인, 소금, 후추를 넣고 알코올을 날리며 볶는다.
3 삶은 파스타면과 면 삶은 물, 버터를 팬에 넣어 살짝 볶고 바질가루를 뿌린다.
4 큰 볼에 샐러드채소와 선드라이토마토, 드레싱 재료를 넣어 섞는다. 그릇에 볶아둔 파스타와 샐러드를 담고 파마산치즈가루를 뿌린다.

TIP
선드라이토마토 대신 방울토마토를 이용해도 좋아요.

Recipe 7

소시지파스타

냉장고에 굴러다니는 소시지를 활용해 만든 파스타예요.
토마토소스만 있다면 언제든 멋진 소시지파스타를 차려낼 수 있답니다.

2인분

파스타면 200g · 소시지 3개 · 양송이버섯 4개 · 양파 1/2개 · 파프리카 1/3개 · 페페론치노 3개 · 토마토소스 1컵 · 버터 1큰술 · 올리브유 2큰술 · 올리브절임 · 다진 파슬리 · 후추 약간씩 · 물 2컵

1 소시지와 양송이버섯은 어슷하게 썰고 양파와 파프리카, 페페론치노는 잘게 다진다.
2 팬에 올리브유를 두르고 양파가 반쯤 익을 때까지 볶는다. 소시지를 넣고 노릇하게 볶다가 버터와 파프리카, 양송이버섯을 넣어 살짝 볶는다.
3 팬에 토마토소스와 물을 넣고 끓이다가 국물이 끓어오르면 파스타면을 넣어 8분간 익힌다.
4 파스타면이 익고 국물이 적당한 농도가 되면 올리브절임과 다진 파슬리, 후추를 뿌린다.

Recipe 8

오리지널 까르보나라

정통 레시피로 만든 까르보나라를 집에서 쉽게 만들어보세요.
크림 없이도 고소하고 묵진한 클래식 이탈리안 스타일의 요리가 완성돼요.

2인분

파스타면 200g • 베이컨 4줄 • 달걀 노른자 3개 • 양파 1/2개 • 파마산치즈가루 약간 • 올리브유 1큰술 • 파슬리가루 · 소금 · 후추 약간씩

1. 베이컨은 1cm 두께로 썰고, 양파는 다진다. 끓는 물에 소금과 파스타면을 넣고 8분간 삶는다. 면 삶은 물을 1/2컵 남겨둔다.
2. 큰 볼에 달걀 노른자와 파마산치즈가루를 넣고 섞어 달걀물을 만든다.
3. 팬에 올리브유를 두르고 베이컨을 볶다가 기름이 나오면 양파를 넣어 살짝 볶는다. 삶은 파스타면과 면 삶은 물 한 국자를 넣어 베이컨 기름에 코팅하듯 골고루 섞는다.
4. 달걀물이 담긴 볼에 볶은 파스타를 넣고 재빨리 섞는다. 면 삶은 물을 2~3큰술 더 넣어 농도를 조절하고 파슬리가루와 후추를 뿌린다.

TIP
뜨거운 팬에 달걀물을 부으면 파스타면이 서로 붙어버려요.

 Recipe 9

라 자 냐

라자냐는 넓적한 파스타와 소스, 치즈를 층층이 쌓아 한 스푼씩 떠먹는 이탈리아 요리예요.
맛은 더하고 번거로움은 덜어낸 홈메이드 라자냐 레시피를 소개합니다.

2인분

라자냐 6장 · 모차렐라치즈 3컵 · 파마산치즈가루 1/2컵 · 파슬리가루 1큰술(또는 바질잎 6장) · 올리브유 · 소금 약간씩

<u>소스</u> 소고기 다짐육 150g · 당근 1/4개 · 양파 1/2개 · 토마토소스 2컵 · 버터 1큰술 · 레드와인 1/2컵 · 올리브유 2큰술 · 다진 마늘 1큰술 · 소금 · 후추 약간씩

1 소고기 다짐육은 키친타월에 올려 핏물을 제거하고, 양파와 당근은 잘게 다진다. 끓는 물에 소금과 라자냐를 넣어 반쯤 익혀 건지고 올리브유를 발라둔다.
2 팬에 올리브유를 두르고 다진 마늘을 향이 올라올 때까지 볶다가 버터와 당근, 양파를 넣고 볶는다. 소고기 다짐육과 레드와인을 넣고 고기가 다 익으면 토마토소스를 넣어 10분간 뭉근히 끓인다. 소금과 후추로 간을 해 소스를 완성한다.
3 내열 용기에 올리브유를 살짝 바르고 라자냐 - 소스 - 모차렐라치즈와 파마산치즈가루 - 파슬리가루를 순서대로 쌓는다.
4 190도로 예열한 오븐에서 12분간 굽는다.

TIP

- 전자레인지에서 치즈가 녹을 때까지 익혀도 돼요.
- 내열 컵이나 그릇에 삶은 라자냐와 소스, 치즈를 넣어 1인분씩 구우면 예쁘고 먹기에도 편해요.

 Recipe 10

맥 앤 치 즈

미국인의 소울푸드, 간편식 맥앤치즈를 만들어보세요.
고소한 치즈와 베이컨이 어우러져 더욱 맛있어요.

 2인분

마카로니 1컵 • 베이컨 3줄 • 양송이버섯 2개 • 양파 1/2개 • 모차렐라치즈 1컵 •
체다슬라이스치즈 1장 • 파마산치즈가루 2큰술 • 파슬리가루 1/3큰술 • 소금
1/2큰술 • 후추 약간
베샤멜소스 우유 1컵 • 버터 1큰술 • 밀가루 1큰술

1 끓는 물에 소금과 마카로니를 넣어 10분간 삶는다. 양파와 베이컨은 잘게 다지고, 양송이버섯은 깍둑썰기 한다. 베이컨은 구운 다음 키친타월에 올려 기름을 뺀다.
2 중간 불로 팬을 달구고 버터를 녹인 다음 밀가루를 넣어 뭉치지 않게 골고루 젓는다. 우유를 조금씩 나눠 넣고 저으며 베샤멜소스를 만든다.
3 베샤멜소스에 양파와 양송이버섯, 모차렐라치즈, 체다슬라이스치즈, 파마산치즈가루를 넣고 바닥에 눋지 않도록 젓는다.
4 치즈가 다 녹으면 마카로니와 베이컨을 넣어 버무리고, 파슬리가루를 뿌린다.

TIP
완성된 맥앤치즈에 빵가루를 뿌리고 185도로 예열한 오븐에 10분간 구우면 겉은 바삭하고 속은 촉촉하게 즐길 수 있어요.

 Recipe 11

치즈오븐파스타

모차렐라치즈만 있으면 학창 시절 피자집에서 먹던 스파게티가 뚝딱 만들어져요.
토마토소스로 요리한 스파게티에 원하는 대로 재료를 추가해 풍성하게 즐겨보세요.

 2인분

파스타면 200g • 모차렐라치즈 2컵 • 소금 약간
소스 비엔나 소시지 4개 • 양파 1/2개 • 마늘 4쪽 • 페페론치노(또는 매운 건고추) 3개 • 캔옥수수 3큰술 • 토마토소스 250g • 파마산치즈가루 2큰술 • 파슬리가루 1큰술 • 올리브유 3큰술 • 후추 약간

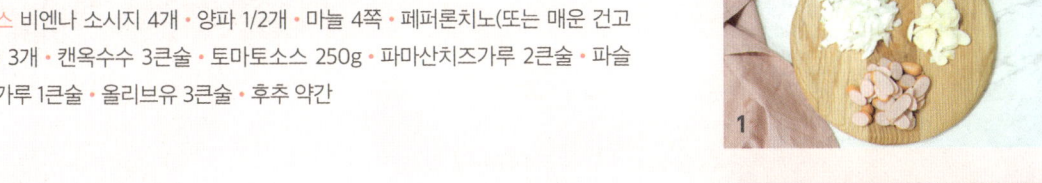

1 비엔나 소시지는 어슷하게 썰어 끓는 물에 데친다. 마늘은 편으로 썰고 페페론치노와 양파는 잘게 다진다.
2 팬에 올리브유를 두르고 약한 불에서 마늘을 향이 올라올 때까지 볶다가 페페론치노와 양파를 넣고 볶는다. 양파가 투명하게 익으면 나머지 재료를 모두 넣고 뭉근하게 볶아 소스를 만든다.
3 끓는 물에 소금과 파스타면을 7분간 익힌 후 건져내 소스를 만들어둔 팬에 옮겨 살짝 볶는다.
4 파스타를 내열 용기에 담고 모차렐라치즈와 파슬리가루를 뿌린다. 180도로 예열한 오븐에서 15분 정도 굽는다.

TIP
전자레인지에서 치즈가 녹을 때까지 익혀도 돼요.

 Recipe 12

치킨스테이크

쫄깃쫄깃한 닭다리살과 포슬포슬한 웨지감자를 한 접시 가득 담아내면
와인 곁들임 상차림은 물론 아이 생일상도 근사해질 거예요.

2인분

닭다리살 500g · 감자 2개 · 방울토마토 5개 · 레몬 1개 · 버터 2큰술 · 화이트
와인 1/3컵 · 소금 약간
밑간 마늘 2쪽 · 로즈마리 2줄기(또는 허브가루) · 올리브유 1+1/2큰술 · 소금
1/3큰술 · 후추 1/4큰술

1 닭다리살은 찬물에 씻어 물기를 뺀 다음 지방을 가위로 잘라낸다.
2 마늘은 편으로 썬 다음 나머지 밑간 재료와 섞는다. 닭다리살에
골고루 발라 30분간 재운다.
3 감자는 웨지 모양으로 8~12등분 하고, 찬물에 10분간 담갔다가
물기를 뺀다. 감자에 소금을 뿌려 전자레인지에서 4분간 익힌
다. 레몬은 4등분 한다.
4 팬에 닭 껍질이 아래로 가게 닭다리살을 담고, 화이트와인을 붓는
다. 껍질이 노릇해지면 버터와 감자, 방울토마토를 넣고 닭다리
살을 뒤집어가며 익힌다. 먹기 직전에 레몬을 짜서 즙을 뿌린다.

Recipe 13

로스트치킨

여럿이 둘러앉아 식사하는 자리에 차려내면 인기 만점인 요리예요.
밑간한 닭을 굽기만 하면 완성되는 간편 요리랍니다.

2인분

닭 1마리(1kg) • 양파 1개 • 레몬 1개 • 마늘 5쪽 • 화이트와인 1/2컵
밑간 레몬즙 1큰술 • 다진 마늘 1큰술 • 허브가루 1큰술 • 소금 1/2큰술 • 후추 1/2큰술
소스 로즈마리 2줄기 • 버터 3큰술 • 바비큐소스 2큰술 • 레몬즙 3큰술 • 다진 마늘 1큰술 • 소금 1/2큰술 • 후추 1/3큰술

1 닭은 키친타월로 내장 찌꺼기를 닦아내고, 찬물에 여러 번 헹궈 물기를 뺀다. 목과 꽁지, 날개 끝을 자른다. 밑간 재료를 섞어 닭의 겉과 속에 골고루 바른 다음 랩을 씌워 냉장고에서 3~4시간 재운다.
2 분량의 재료로 소스를 만든 후 2/3 분량만 닭에 바른다. 마늘과 2cm 두께로 슬라이스 한 양파와 레몬을 닭 속에 절반만 채우고 이쑤시개로 꽁지를 여민다.
3 내열 용기 바닥에 나머지 양파와 레몬, 마늘을 깔고 화이트와인을 부은 후 닭을 올린다.
4 190도로 예열한 오븐에 닭을 넣고 종이호일을 덮는다. 1시간 정도 구운 다음 종이호일을 빼고 중간중간 남은 소스를 끼얹으며 40분 더 굽는다.

TIP

- 오븐 안에서 닭 윗부분만 탈 수 있으니 종이호일을 덮어야 해요.
- 굽는 중간에 닭을 세워 속에 고인 기름을 빼요.
- 루콜라와 구운 방울토마토를 곁들여요.

Recipe 14

와인삼겹살구이

레드와인을 더해 삼겹살구이의 풍미를 한층 업그레이드했어요.
수육에 와인을 살짝 조려내면 고급스러운 요리가 완성된답니다.

 2인분

삼겹살 600g • 양파 1개 • 대파 1대 • 통마늘 2통 • 생강 1톨 • 로즈마리 3줄기 • 월계수잎 4장 • 우스터소스(또는 진간장) 3큰술 • 레드와인 1컵 • 맛술 5큰술 • 통후추 약간 • 후추 1/4큰술 • 물 1컵

1 삼겹살은 찬물에 헹궈 핏물을 뺀다. 냄비에 삼겹살과 양파, 대파, 생강, 월계수잎, 맛술, 통후추를 넣고 재료가 잠길 정도로 물을 붓는다. 센 불에서 뚜껑을 연 채 끓이다가 중간 불로 줄여 30분 더 삶는다.
2 삼겹살만 남기고 냄비를 비운다. 레드와인과 로즈마리, 우스터소스, 후추, 물 1컵을 냄비에 넣고 중간 불에서 삼겹살을 뒤집어가며 20분간 졸인다.
3 팬에 졸인 삼겹살을 넣어 표면을 노릇하게 굽는다. 한김 식은 후 1cm 두께로 썬다. 통마늘은 반으로 잘라 팬에 반쯤 익은 정도로 구운 다음 곁들인다.

 Recipe 15

Family Restaurant Recipe

언제 먹어도 좋은
곁들임 메뉴

클램차우더

고소한 크림의 풍미가 가득한 클램차우더는 미국 북동부의 대표 수프예요.
크래커나 빵을 곁들이면 더욱 든든하지요.

2인분

바지락 300g • 베이컨 2줄 • 감자 1개 • 양파 1/2개 • 버터 1큰술 • 우유 1/2컵 •
생크림 1/2컵 • 밀가루 1큰술 • 파슬리가루 · 소금 · 후추 약간씩

1 바지락은 해감하여 깨끗이 씻는다. 양파는 잘게 다지고 감자는 깍둑썰기 하고, 베이컨은 채 썬다.
2 바지락은 끓는 물에 삶아 살을 발라내고, 바지락 삶은 물 1컵을 준비한다.
3 냄비에 베이컨을 넣어 볶다가 기름이 나오면 양파와 감자를 볶는다. 채소가 익으면 버터를 녹이고 밀가루를 넣어 뭉치지 않게 젓는다. 우유와 생크림, 바지락 삶은 물을 넣고 저으며 끓인다.
4 바지락살을 넣어 한소끔 끓인 후 소금과 후추로 간을 한다. 파슬리가루를 뿌린다.

TIP
딱딱한 바게트 윗부분을 자르고 속을 파낸 다음 수프를 부어 먹으면 더욱 맛있어요.

 Recipe 16

감자수프

몸도 마음도 따듯하게 데워주는 감자수프예요.
생크림 대신 리코타치즈를 넣으면 더욱 고소하고 가볍게 즐길 수 있어요.

 3인분

감자 4개 • 양파 1개 • 구운 베이컨 약간 • 버터 2큰술 • 우유 2+1/2컵 • 리코타치즈 1컵 • 파마산치즈가루 1큰술 • 올리브유 3큰술 • 파슬리가루 · 소금 · 후추 약간씩

1 양파와 감자는 얇게 썬다.
2 냄비에 올리브유를 두른 다음 양파가 갈색이 될 때까지 볶다가 감자와 우유, 버터를 넣어 중간 불에서 끓인다.
3 감자가 익으면 핸드 믹서를 냄비에 넣어 곱게 갈고, 리코타치즈와 파마산치즈가루를 넣어 한소끔 끓인다. 소금과 후추로 간을 한 다음 구운 베이컨과 파슬리가루를 뿌린다.

 Recipe 17

미니단호박수프

손 안에 쏙 들어오는 미니단호박은 호박과 밤, 고구마의 단맛이 동시에 난답니다.
껍질까지 그릇으로 활용해 작지만 알찬 수프를 완성했어요.

2인분

미니단호박 2개 • 양파 1/2개 • 버터 2큰술 • 우유 1컵 • 체다슬라이스치즈 1장 •
파마산치즈가루 2큰술 • 올리브유 3큰술 • 파슬리가루·소금·후추·견과류 약
간씩

1 미니 단호박은 식초나 베이킹소다를 탄 물에 담가 주방솔로 깨끗이 세척한다. 전자레인지에 미니단호박을 넣어 2분간 익힌 다음 윗부분을 잘라 숟가락으로 속을 파낸다. 양파는 잘게 다진다.
2 냄비에 올리브유를 두르고 약한 불에서 양파를 볶는다. 양파가 갈색이 되면 파낸 속과 버터를 넣고 익을 때까지 볶는다.
3 우유를 붓고 핸드 믹서를 냄비에 넣어 곱게 간다. 체다슬라이스 치즈와 파마산치즈가루를 넣고 눋지 않도록 저어주다가 소금과 후추로 간을 해 수프를 완성한다.
4 단호박에 수프를 채우고 뚜껑을 덮은 다음 전자레인지에서 2~3분 더 익힌다. 뚜껑을 열어 파슬리가루와 견과류를 뿌린다.

 Recipe 18

타라토르

요거트로 유명한 불가리아의 매력적인 냉수프 타라토르(Tarator).
다이어트 푸드나 여름 건강식으로 먹기 좋답니다.

 2인분

그릭요거트 1컵(200g) • 오이 1/4개 •
호두 4알 • 마늘 1/2쪽 • 파슬리가루 2큰
술 • 올리브유 1큰술 • 물 1/2컵

1 호두와 오이, 마늘은 잘게 다진다.
2 그릭요거트에 물을 섞어 주르륵 흐를 정도로 농도를 맞춘다.
3 다진 호두와 오이, 마늘을 그릭요거트에 넣어 잘 섞은 후 올리브유와 파슬리가루를 뿌린다.

TIP
달지 않은 요거트를 사용해야 싱그러움을 느낄 수 있어요.

Recipe 19

브루스케타

핑거푸드, 에피타이저로 즐기기 좋은 브루스케타.
토마토와 아보카도를 이용해 두 가지 버전으로 만들어보세요.

 2인분

슬라이스 호밀빵 4장 • 크림치즈 4큰술
토마토브루스케타 방울토마토 8개 • 루콜라 · 모차렐라치즈볼 약간씩 • 올리브유 1큰술 • 발사믹 식초 1/2큰술
아보카도브루스케타 아보카도 1개 • 메추리알 2개 • 식용유 · 소금 · 후추 약간씩

1 호밀빵은 팬에 올려 노릇하게 구운 다음 크림치즈를 1큰술씩 바른다.
2 방울토마토는 모차렐라치즈볼과 비슷한 크기로 자르고, 루콜라는 찬물에 담갔다가 물기를 뺀다.
3 아보카도는 반으로 잘라 씨를 제거한 다음 껍질을 벗겨 0.5cm 두께로 어슷하게 썬다. 팬에 식용유를 두르고 메추리알은 프라이한다.
4 방울토마토와 모차렐라치즈볼, 루콜라는 올리브유와 발사믹 식초로 버무린 후 빵 위에 올린다. 아보카도와 메추리알프라이는 빵 위에 차곡차곡 올리고 소금과 후추를 뿌린다.

TIP
재료의 수분을 깔끔하게 제거해야 빵이 눅눅해지지 않아요.

 Recipe 20

그릴드 치즈샌드위치

부드럽고 촉촉하게 녹아내린 치즈가 듬뿍 들어간 샌드위치.
다양한 종류의 치즈와 식재료를 넣어 나만의 레시피를 만드는 것도 좋아요.

 1인분

슬라이스 호밀빵 2장 • 양파 1/6개 • 파프리카 1/4개 • 캔옥수수 1큰술 • 버터 1큰술 • 체다슬라이스치즈 1장 • 모차렐라치즈 3큰술 • 에멘탈치즈 1큰술 • 그뤼에르치즈 1큰술 • 후추 약간

1 준비한 치즈들과 양파, 파프리카는 잘게 다지고 캔옥수수는 체에 밭쳐 물기를 뺀다. 큰 볼에 손질한 재료와 후추를 넣고 잘 섞어 속을 만든다.
2 호밀빵 위에 속을 가득 올린 뒤 다른 호밀빵을 덮어 샌드위치를 만든다.
3 달군 팬에 버터를 녹이고, 샌드위치를 올린 뒤 치즈가 녹을 때까지 양면을 노릇하게 굽는다.

TIP
구울 때 무거운 것을 올려 빵을 누르면 조리 시간이 짧아지고 겉이 더욱 바삭해져요.

1

2

3

Recipe 21
오픈 연어샌드위치

훈제연어 요리를 만들고 남은 연어를 알차게 활용하는 샌드위치예요.
담백하고 촉촉한 연어의 식감을 만끽해보세요.

2인분

훈제연어 6줄 • 슬라이스 호밀빵 2장 • 양파 1/5개 • 버터 1큰술 • 크림치즈 4큰술 • 홀그레인머스터드 3큰술 • 샐러드채소 · 무순 약간씩

1 팬에 버터를 녹이고 호밀빵을 올려 노릇하게 굽는다.
2 양파는 채 썰어 찬물에 담가 매운맛을 빼고, 샐러드채소와 무순은 씻은 후 물기를 뺀다.
3 구운 호밀빵 한쪽 면에 크림치즈와 홀그레인머스터드를 바른다.
4 샐러드채소와 양파를 올리고, 그 위에 연어를 반으로 접어 볼륨감 있게 올린다. 무순을 얹어 마무리한다.

TIP
연어를 다룰 때는 젓가락을 사용해요. 손의 열이 가해지면 신선도가 떨어지고 살이 쉽게 부서져요.

Recipe 22

새우감자샐러드

포슬포슬한 햇감자를 으깨지 않아 서걱서걱 씹는 식감을 살렸어요.
보드랍고 고소한 샐러드가 무더위에 지친 입맛을 돋워줄 거예요.

🧡 **2인분**

칵테일새우 1컵 • 감자 4개 • 당근 1/3개 • 오이 1/2개 • 맛술 1큰술 • 올리브유 1큰술 • 소금 · 후추 약간씩

드레싱 다진 할라피뇨 1큰술 • 크림치즈 3큰술 • 올리고당 1큰술 • 마요네즈 3큰술 • 머스터드 1큰술 • 소금 2/3큰술 • 후추 약간

1 감자는 껍질을 벗겨 2cm 크기로 깍둑썰기 하고, 당근과 씨를 발라낸 오이는 0.5cm 크기로 깍둑썰기 한다. 칵테일새우는 맛술과 소금, 후추로 밑간한다.

2 끓는 물에 소금과 감자를 넣고 10분간 삶은 후 물기를 뺀다. 새우는 올리브유를 두른 팬에 볶는다. 삶은 감자와 볶은 새우는 냉장고에 넣어 차갑게 식힌다.

3 큰 볼에 감자와 새우, 분량의 재료로 만든 드레싱을 넣고 감자가 부서지지 않도록 살살 버무린다.

Recipe 23

니스샐러드

간단한 한 끼 식사로, 충분한 포만감을 선사하는 니스풍 샐러드를 소개합니다.
늘 구할 수 있는 재료로도 영양 밸런스가 뛰어난 샐러드를 만들 수 있어요.

2인분

메추리알 5개 • 캔참치 1/2통 • 감자 1개 • 방울토마토 6개 • 샐러드채소 약간 • 올리브절임 2큰술
드레싱 화이트와인 식초 2큰술 • 머스터드 1큰술 • 설탕 1작은술 • 다진 파슬리(또는 파슬리가루) 1작은술 • 올리브유 5큰술 • 소금·후추 약간씩

1 샐러드채소는 찬물에 담갔다가 물기를 뺀다. 올리브절임은 얇게 썰고 방울토마토는 2~3등분 한다. 캔참치는 기름을 뺀다.
2 감자는 2cm 크기로 깍둑 썰기한 다음 삶는다. 메추리알은 삶은 후 껍질을 까고 반으로 자른다.
3 분량의 재료를 골고루 섞어 드레싱을 만든다.
4 접시에 샐러드채소를 깔고 나머지 재료를 소복이 담는다. 드레싱은 먹기 직전에 뿌린다.

1

2

3

4

Recipe 24

연근샐러드

우리 입에 친숙한 오리엔탈드레싱을 곁들인 연근샐러드예요.
풍부한 영양을 자랑하는 땅 속 보물, 연근을 색다른 방법으로 즐겨보세요.

2인분

연근 100g • 샐러드채소 · 블루베리 약간씩 • 소금 약간
드레싱 진간장 1/2큰술 • 올리고당 1/2큰술 • 식초 1/2큰술 • 마요네즈 3큰술 • 우유 1큰술 • 검은깨 2큰술 • 통깨 1/2큰술

1 연근은 껍질을 벗겨 반으로 가른 다음 얇게 썬다. 샐러드채소와 블루베리는 찬물에 담갔다가 물기를 뺀다.
2 끓는 물에 소금과 연근을 넣어 2분간 데친 후 찬물에 헹궈 물기를 뺀다.
3 접시에 샐러드채소와 연근, 블루베리를 담는다. 검은깨와 통깨는 곱게 갈고, 나머지 재료와 섞어 드레싱을 만든 후 샐러드에 곁들인다.

TIP
다양한 제철 과일을 곁들이면 더욱 맛있어요.

건강한 라이프스타일은 식탁에서 시작되지요.
신선한 식재료로 요리를 하는 일은 몸과 마음에 생기를 불어넣어줘요.

Recipe 25
그릭샐러드

올리브유 베이스 드레싱을 곁들인 그리스풍 샐러드예요.
재료 본연의 맛을 살린 상큼함이 입맛을 돋워준답니다.

2인분

빨강·노랑 파프리카 1/3개씩 • 오이 1/2개 • 양파 1/4개 • 적양파 1/4개 • 방울토마토 8개 • 무화과 2개 • 석류알 약간 • 깍뚝썰기 한 페타치즈 1/2컵 • 파마산 치즈가루 약간
드레싱 발사믹 식초 2큰술 • 레몬즙 1큰술 • 허브가루 1/2큰술 • 올리브유 4큰술 • 소금 · 후추 약간씩

1 빨강·노랑 파프리카와 양파, 적양파, 오이는 깍둑썰기 하고 방울토마토와 무화과는 모양을 살려 먹기 좋게 썬다.
2 큰 볼에 손질한 빨강·노랑 파프리카와 양파, 적양파, 오이, 페타치즈, 분량의 재료로 만든 드레싱을 넣어 고루 섞는다.
3 방울토마토와 무화과를 보기 좋게 올린 다음 석류알과 파마산 치즈가루를 뿌린다.

Recipe 26
구운 미니단호박샐러드

담백한 단맛을 자랑해 '밤호박'이라고 불리는 미니단호박으로 만든 샐러드예요.
단호박을 구워 달콤함을 더하고, 찰떡궁합 드레싱까지 곁들였어요.

2인분

미니단호박 1/2통 • 샐러드채소 한 줌 • 방울토마토 6개 • 발사믹 글레이즈 약간
드레싱 크림치즈 1+1/2큰술 • 플레인요거트 1큰술 • 꿀 1+1/2큰술 • 레몬즙 1+1/2큰술 • 다진 마늘 1/5큰술 • 올리브유 1큰술 • 소금 두 꼬집

1 미니단호박은 식초나 베이킹소다를 탄 물에 담가 주방솔로 껍질을 문질러 씻는다. 전자레인지에 넣어 3분 30초간 익힌 후 반으로 잘라 숟가락으로 속을 파낸 다음 어슷하게 썬다.
2 샐러드채소는 찬물에 담갔다가 물기를 뺀다.
3 팬에 버터를 녹이고 미니단호박과 방울토마토를 올려 굽는다. 한김 식혀 접시에 담는다. 발사믹 글레이즈를 뿌리고 분량의 재료로 만든 드레싱을 곁들인다.

Recipe 27

치즈달걀프라이

여심을 저격할 수 있는 이색 달걀 요리를 선보입니다.
브런치 테이블에 에피타이저로 내놓거나 가벼운 식사로 즐기기 좋답니다.

2인분

달걀 3개 • 베이컨 1줄 • 브로콜리 약간 • 버터 1/2큰술 • 모차렐라치즈 2/3컵 • 체다슬라이스치즈 1장 • 파슬리가루 · 식용유 · 후추 약간씩

1 베이컨과 브로콜리는 잘게 다진다.
2 팬에 식용유를 두르고 브로콜리와 베이컨을 각각 볶아 접시에 덜어둔다.
3 중간 불에서 팬에 버터를 녹인 다음 모차렐라치즈와 체다슬라이스치즈를 바닥에 평평하게 깐다. 그 위에 달걀을 깨고 뚜껑을 닫은 다음 약한 불로 익힌다.
4 달걀이 반숙으로 익으면 베이컨과 브로콜리를 올리고, 후추와 파슬리가루를 뿌린다.

 Recipe 28

시금치프리타타

부드럽고 촉촉한 프리타타는 여럿이 먹는 가벼운 식사로 더없이 좋지요.
식빵을 잘라 넣어 한 끼 식사로도 손색없답니다.

 2인분

식빵 1장 • 달걀 4개 • 양파 1/4개 • 방울토마토 4개 • 시금치 반 줌 • 우유 1/2컵 •
버터 1큰술 • 파마산치즈가루 1큰술

1 달걀은 곱게 풀고 우유와 섞어 달걀물을 만들어두고, 시금치는 시든 잎과 뿌리를 다듬어 깨끗이 씻는다. 식빵은 한입 크기로, 방울토마토는 반으로 자르고 양파는 잘게 다진다.
2 식빵을 달걀물에 적신다.
3 팬에 버터를 녹이고 양파가 노릇해질 때까지 볶는다. 방울토마토를 넣고 볶다가 마지막에 시금치를 넣어 숨이 죽을 정도로 살짝 익힌다.
4 식빵을 넣은 달걀물과 파마산치즈가루를 넣어 중간 불에서 젓가락으로 저으며 익힌다. 달걀물이 절반 이상 익으면 뚜껑을 닫고 약한 불로 줄여 속까지 익힌다.

TIP
고구마나 단호박을 넣어도 맛있어요.

 Recipe 29

토마토홍합찜

홍합으로 만든 매콤새콤한 찜은 요즘 이탈리안 레스토랑에서 가장 핫한 요리예요.
시판 소스를 이용해 똑같은 맛을 낼 수 있는 비법을 알려드릴게요.

🍴 4인분

홍합 800g • 양파 1/2개 • 방울토마토 8개 • 마늘 5쪽 • 페페론치노(또는 매운 건고추) 10개 • 토마토소스 1+1/2컵 • 핫칠리소스 3큰술 • 버터 1큰술 • 화이트와인 1/2컵(또는 청주) • 바질가루 1/2큰술 • 올리브유 3큰술 • 다진 파슬리 약간

1 홍합은 바락바락 주물러 씻고, 가위로 수염을 잘라낸다.
2 방울토마토는 4등분 하고 마늘은 편으로 썬다. 양파와 페페론치노는 잘게 다진다.
3 냄비에 올리브유를 두르고 약한 불에서 마늘과 페페론치노, 양파를 순서대로 넣어 볶는다. 양파가 투명해지면 토마토소스와 핫칠리소스를 넣고 중간 불로 줄여 뭉근하게 끓인다.
4 홍합과 방울토마토, 화이트와인, 버터, 바질가루를 넣고 뒤적이며 익힌다. 홍합이 입을 벌리면 다진 파슬리를 뿌린다.

TIP
• 홍합에서 수분이 많이 나오니 물은 넣지 않아요.
• 남은 홍합찜 국물에 파스타면을 넣으면 해물토마토파스타가 돼요.

 Recipe 30

굴라쉬

조금은 낯선 이름을 하고 있는 굴라쉬는 헝가리식 소고기 스튜랍니다.
파프리카로 진하고 칼칼한 국물 맛을 내서, 우리 입맛에도 잘 맞아요.

 4인분

소고기 300g · 감자 3개 · 당근 1/2개 · 양파 1개 · 파프리카 1개 · 양송이버섯 6개 · 월계수잎 3장 · 비프스톡 1개 · 버터 2큰술 · 토마토페이스트 4큰술 · 설탕 1/2큰술 · 파프리카가루 3큰술 · 다진 마늘 1+1/2큰술 · 다진 파슬리 약간 · 올리브유 3큰술 · 소금 1/3큰술 · 후추 1/2큰술
밑간 맛술 1큰술 · 소금·후추 약간씩

1 소고기는 키친타월에 올려 핏물을 제거하고 맛술과 소금, 후추로 밑간한다.
2 양파는 잘게 다지고 감자와 당근은 모서리를 둥글게 깎는다. 파프리카는 나박하게, 양송이버섯은 어슷하게 썬다.
3 냄비에 올리브유를 두르고 소고기를 튀기듯 겉면을 익혀 덜어둔다.
4 소고기를 익힌 기름에 다진 양파와 마늘을 볶는다. 양파가 익으면 소고기와 감자, 당근, 양송이버섯, 파프리카, 월계수잎, 버터를 볶는다.
5 토마토페이스트와 비프스톡, 설탕, 파프리카가루, 소금, 후추를 넣고 물을 넉넉히 부어 40분간 뭉근하게 끓인다. 먹기 직전에 다진 파슬리를 뿌린다.

Recipe 31

감바스 알 아히요

올리브유에 감바스(새우)와 아히요(마늘)를 넣고 끓인 스페인의 냄비 요리예요.
향긋한 마늘 향과 톡톡 터지는 새우의 식감이 어우러진 이국적인 맛을 느껴보세요.

4인분

새우 10마리 • 마늘 10쪽 • 페페론치노 6개 • 파슬리 1줄기(또는 파슬리가루 1/2큰술) • 맛술 1큰술 • 올리브유 2컵 • 소금 1/10큰술 • 후추 1/5큰술

1 새우는 머리와 껍질을 떼고 맛술과 소금, 후추로 밑간한다. 마늘은 편으로 썰고, 페페론치노와 파슬리는 잘게 다진다.
2 냄비에 올리브유를 붓고 따듯해질 정도로 중간 불에서 끓이다가 마늘과 페페론치노를 넣어 2분간 끓인다.
3 마늘이 노릇노릇해지면 새우를 넣고, 빨갛게 익을 때까지 끓인다.
4 다진 파슬리를 뿌린다.

TIP
바게트를 곁들여요.

크리스마스 저녁
목살스테이크 + 크리스마스리스샐러드 + 샹그리아

로맨틱한 데이트 날
안심스테이크 + 새우파스타 + 홍차마들렌

친구들과 함께하는 브런치
봉골레파스타 + 뢰스티 + 우유푸딩

해피해피 키즈 파티
수제햄버거 + 오지치즈프라이 + 딸기젤리

Special Set Menu

우리의 특별한 날을 위한

세트 메뉴

크리스마스 저녁

샹그리아

크리스마스리스
샐러드

목살스테이크

접시 한가득 풍성하게 담아낸 스테이크. 크리스마스 트리에 내려앉은 눈처럼 새하얀 치즈를 소복하게 얹으면 더욱 맛있지요.

2인분

목살 600g • 달걀 2개 • 샐러드채소 약간 • 오렌지 1개 • 아스파라거스 2개 • 래디시 1개 • 방울토마토 약간 • 맛술 1큰술 • 다진 마늘 1작은술 • 소금 · 후추 1/2작은술씩
소스 바비큐소스 4큰술 • 굴소스 2큰술 • 버터 2큰술 • 올리고당 4큰술 • 맛술 3큰술 • 물 2/3컵
드레싱 플레인요거트 2큰술 • 마요네즈 2큰술 • 꿀 1큰술 • 레몬즙 2큰술 • 올리브유 1큰술 • 소금 · 후추 약간씩

1 목살은 칼등으로 두드린 후 맛술과 다진 마늘, 소금, 후추로 밑간해 20분간 재운다.
2 샐러드채소는 찬물에 담갔다가 물기를 빼고, 방울토마토는 반으로 자른다. 오렌지와 래디시는 얇게 썬다. 아스파라거스는 밑동을 자르고, 필러로 두꺼운 섬유질을 벗긴다.
3 분량의 재료로 소스와 드레싱을 만든다. 달걀은 프라이하고 아스파라거스는 센 불에 볶아둔다.
4 센 불로 달군 팬에 목살을 노릇해질 때까지 뒤집어가며 익힌 후 소스를 넣는다. 중간 불로 줄여 속까지 익힌다. 접시에 구운 목살과 달걀프라이, 손질한 채소를 담고 드레싱은 먹기 직전에 뿌린다.

목살스테이크

크리스마스리스샐러드

문에 걸어두는 동그란 리스를 모티브로 샐러드를 만들었어요.
빨강과 초록이 알록달록 어우러진 샐러드로 크리스마스 분위기를 한껏 내보세요.

2인분

샐러드채소 두 줌 • 석류 1/4개 • 귤 1개 • 딸기 5개
드레싱 꿀 1큰술 • 레몬즙 2큰술 • 귤즙 4큰술 • 올리브유 2큰술 • 소금 약간

1 샐러드채소는 찬물에 담갔다가 물기를 뺀다.
2 딸기는 반으로 자르고 귤은 껍질채 얇게 썬다. 석류는 알을 털어 낸다.
3 동그란 접시 가장자리부터 샐러드채소를 두르듯 담는다.
4 딸기와 귤을 샐러드채소 사이사이에 끼워 담고, 석류알을 뿌려 장식한다. 드레싱을 곁들여 먹기 직전에 뿌린다.

TIP
제철 과일이나 치즈, 견과류를 더해도 좋아요.

샹그리아

특별한 날을 조금 더 특별하게 만들어주는 와인 칵테일이에요.
남은 와인에 좋아하는 과일을 넣어 부드럽고 달콤하게 즐겨보세요.

 2인분

사과 1/2개 • 오렌지 1개 • 레몬 1개 • 레드와인 2+1/2컵 • 오렌지주스 1+1/2컵 • 시나몬스틱 1개

1 사과와 오렌지, 레몬은 식초나 베이킹소다를 탄 물에 담가 주방 솔로 껍질을 문질러 깨끗이 세척한다.
2 오렌지와 레몬은 얇게 슬라이스 하고, 사과는 반으로 잘라 씨를 제거한 다음 반달 모양으로 얇게 썬다.
3 밀폐 용기에 레드와인과 오렌지주스, 손질한 과일을 담는다. 냉장고에서 한나절 이상 숙성시킨다.

TIP
먹기 직전에 탄산수를 섞으면 더욱 상큼해져요.

목살스테이크
+
크리스마스리스샐러드
+
샹그리아

로맨틱한 데이트 날

홍차마들렌

새우파스타

안심스테이크

요리에 얹으면 더욱 향긋해지는 허브버터를 더해
안심스테이크를 더욱 부드럽게, 풍미를 살려 구워보세요.

2인분

소고기(안심) 380g • 통마늘 1통 • 아스파라거스 · 방울양배추 약간씩 • 로즈마리 2줄기 • 버터 1큰술 • 올리브유 약간 • 소금 1/2작은술 • 후추 1/3작은술
허브버터 버터 4큰술 • 다진 마늘 1/3작은술 • 로즈마리(또는 허브가루) 약간

1 소고기는 키친타월에 올려 핏물을 빼고 소금과 후추로 밑간한다. 팬에 올리브유를 넉넉히 두르고 연기가 날 때까지 달군다.
2 팬에 소고기를 올려 고기 밑면이 바삭해질 때까지 센 불에 2분간 굽는다. 고기를 뒤집고 버터를 녹여 1분 30초간 굽는다.
3 구운 소고기에 호일을 씌워 육즙이 골고루 스며들기를 기다린다.
4 버터와 로즈마리, 다진 마늘을 섞은 다음 냉동실에서 30분간 굳혀 허브버터를 만든 후 스테이크 위에 올린다. 통마늘과 아스파라거스, 방울양배추는 고기를 구웠던 팬에 익혀 곁들인다.

TIP

- 레시피로 요리하면 미디움 - 레어가 돼요. 마지막에 뚜껑을 닫고 약한 불에서 1분 더 익히면 미디움이 된답니다.
- 허브버터는 빵이나 크래커에 발라 먹어도 맛있어요.

새우파스타

오일 베이스 파스타는 입가에 얼룩덜룩하게 소스 묻을 걱정이 없지요.
데이트 메뉴로 안성맞춤인 깔끔한 새우파스타를 추천합니다.

2인분

파스타면 200g · 생새우 15마리 · 마늘 6쪽 · 페페론치노 4개 · 파슬리 4줄기 · 화이트와인 1컵 · 올리브유 4큰술 · 소금 · 후추 약간씩

육수 올리브유 3큰술 · 마늘 4쪽 · 페페론치노 5개 · 새우 머리와 껍질 · 화이트와인 2/3컵 · 후추 약간 · 물 1/2컵

1 새우는 머리와 껍질을 제거한다. 마늘은 편으로 썰고, 페페론치노와 파슬리는 다진다. 파스타면은 끓는 물에 7분간 삶는다.
2 냄비에 올리브유를 두르고 마늘을 약한 불에서 볶다가 새우 머리와 껍질, 페페론치노, 화이트와인, 후추를 넣고 센 불에 볶는다. 물을 부어 중간 불에서 10분 더 끓인 후 건더기를 건져 육수를 만든다.
3 팬에 올리브유를 두르고 마늘과 생새우, 화이트와인을 볶는다.
4 육수와 파스타면을 넣고 3분 더 볶는다. 다진 파슬리를 뿌린다.

1

2

3

홍차마들렌

'사랑을 부르는 이름', '잊혀진 기억과의 연결', '행복의 순간'이라고 불리는 마들렌.
함께 하면 좋은 사람과 마들렌을 먹으며 추억을 쌓아보세요.

 4인분

밀가루(박력분) 80g • 달걀 2개 • 버터 100g • 꿀 30g • 설탕 60g • 바닐라설탕 1/3작은술 • 아몬드가루 30g • 홍차가루 1/2큰술 • 베이킹파우더 1/2작은술 • 소금 두 꼬집

1

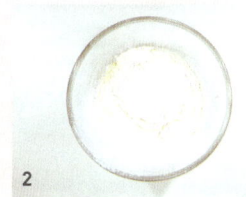

2

3

1 실온에 둔 달걀을 큰 볼에 풀고 설탕과 바닐라설탕, 소금을 넣어 거품기로 저으며 녹인다. 버터는 그릇에 담아 실온에서 녹인다.

2 홍차가루와 꿀을 볼에 넣는다. 밀가루와 베이킹파우더, 아몬드가루는 체에 내려 볼에 넣은 후 주걱으로 섞는다. 녹인 버터를 섞어 반죽을 완성한다.

3 키친타월로 버터를 담았던 그릇을 닦은 다음 마들렌틀에 골고루 문지르고, 밀가루를 살짝 묻혔다가 털어낸다. 반죽을 짤주머니에 담아 마들렌틀을 80% 정도 채운다.

4 170도로 예열한 오븐에 넣고 10~13분간 굽는다.

안심스테이크 + 새우파스타 + 홍차마들렌

친구들과 함께하는 브런치

뢰스티

봉골레파스타

봉골레파스타

담백한 봉골레파스타는 맛이 일품인데다 만들기도 쉽죠.
잘 차려낸 브런치 분위기를 내고 싶을 때 제격이랍니다.

 2인분

파스타면 200g • 모시조개 300g • 마늘 3쪽 • 페페론치노 5개 • 화이트와인 1/3컵 • 올리브유 4큰술 • 바질가루 · 소금 · 후추 약간씩

1 모시조개는 해감하여 깨끗이 씻고 물기를 뺀다. 마늘은 편으로 썰고, 페페론치노는 잘게 부순다.
2 파스타면은 소금을 넣은 끓는 물에 7분간 삶고, 면 삶은 물은 1/2컵 남겨둔다.
3 팬에 올리브유 3큰술을 두르고 약한 불에서 마늘을 볶다가 향이 올라오면 페페론치노를 넣는다. 모시조개와 화이트와인을 넣어 알코올을 날리며 끓인다.
4 모시조개가 입을 벌리면 파스타면과 면 삶은 물을 넣고 살짝 볶는다. 올리브유 1큰술과 바질가루, 후추를 뿌린다.

우유푸딩

뢰스티

뢰스티는 채 썬 감자를 전을 부치듯 익힌 요리예요.
달걀과 치즈를 더해, 담백하고 든든한 브런치 식사로 즐길 수 있답니다.

 2인분

감자 3개 • 달걀 1개 • 베이컨 1줄 • 버터 1큰술 • 모차렐라치즈 3큰술 • 올리브유 1큰술 • 소금 1/5큰술 • 파슬리가루 · 후추 약간씩

1 감자는 껍질을 벗겨 가늘게 채 썬 후 모차렐라치즈, 소금과 섞는다. 베이컨은 잘게 채 썰어 바삭하게 구워둔다.
2 팬에 올리브유를 두르고 양념한 감자와 버터를 넣어 골고루 저으며 익힌다.
3 감자가 익으면 가운데에 동그랗게 빈 공간을 만들고, 달걀을 넣어 반숙으로 익힌다. 구운 베이컨과 파슬리가루, 후추를 뿌린다.

TIP
뚜껑을 닫고 달걀을 익히면 바닥이 타지 않아요.

1

2

3

우유푸딩

브런치에 빠지면 아쉬운 디저트, 푸딩이에요.
우유를 넣어 몰캉몰캉 사르르 녹는 맛에 자꾸만 손이 갈 거예요.

2~3인분

우유 1컵 • 생크림 1컵 • 설탕 2큰술 • 바닐라설탕 1/2작은술 • 젤라틴 3장 • 과일(또는 통조림 과일) 약간

1 젤라틴은 찬물에 담가 10분간 불린다.
2 냄비에 우유와 생크림, 설탕, 바닐라설탕을 넣고 가장자리에 거품이 일어날 때까지 끓인다. 불려둔 젤라틴은 물기를 꼭 짜서 냄비에 넣고 저어가며 중간 불에서 3분 더 끓인다.
3 한김 식혔다가 컵에 붓는다. 냉장고에서 3시간 정도 굳힌다.
4 준비한 과일을 올린다.

TIP
우유와 생크림이 끓어 넘치지 않도록 주의해요.

봉골레파스타
+
뢰스티
+
우유푸딩

해피해피 키즈 파티

오지치즈프라이

수제햄버거

딸기젤리

수제햄버거

두툼한 패티만 있으면 언제나 따끈따끈한 햄버거를 먹을 수 있죠. 아이들에게 인기 만점인 햄버거를 엄마표로 만들어보세요.

 3인분

햄버거빵 6장 • 소고기 다짐육 150g • 돼지고기 다짐육 150g • 토마토 1개 • 양상추 3장 • 체다슬라이스치즈 6장 • 마요네즈 3큰술 • 다진 양파 3큰술 • 다진 대파 1큰술 • 다진 마늘 1큰술 • 빵가루 2큰술 • 식용유 1큰술 • 후추 약간 <u>소스</u> 양파 1/3개 • 양송이버섯 3개 • 버터 1큰술 • 진간장 2큰술 • 맛술 3큰술 • 케첩 2큰술 • 설탕 1큰술 • 후추 약간 • 물 5큰술

1 소고기와 돼지고기는 키친타월에 올려 핏물을 뺀 후 다진 양파와 대파, 마늘, 빵가루, 후추와 함께 치대 납작하게 패티를 만든다.
2 양파는 채 썰고, 양송이버섯은 어슷하게 썬다. 양상추는 적당한 크기로 뜯고, 토마토는 얇게 슬라이스 한다. 햄버거빵은 팬에 굽는다.
3 팬에 식용유를 두르고 중간 불에서 겉면이 노릇해질 때까지 패티를 굽는다. 양파와 양송이버섯, 나머지 소스 재료를 모두 팬에 넣고 뚜껑을 닫은 후 약한 불로 속까지 익힌다.
4 햄버거빵 안쪽 면에 마요네즈를 바르고 양상추 - 패티 - 소스에 볶은 양송이버섯과 양파 - 체다슬라이스치즈 - 토마토를 순서대로 올리고 나머지 빵을 덮는다.

오지치즈프라이

겉은 바삭, 속은 촉촉하게 튀겨낸 감자튀김에 짭쪼름한 치즈와 베이컨을 올려보세요.
하나둘, 자꾸만 손이 가는 영양 간식이 될 거예요.

2인분

감자 3개 • 베이컨 2줄 • 콜비잭치즈 약간 • 전분가루 · 파슬리가루 약간씩 • 소금 1/5큰술 • 식용유 약간

1. 감자는 1cm 두께로 길게 썬 다음 찬물에 10분간 담가 전분기를 제거한다. 베이컨은 얇게 채 썰고, 바삭하게 구운 다음 기름을 뺀다.
2. 감자는 키친타월에 올려 물기를 제거한다. 전분가루와 소금을 뿌린 다음, 여분의 가루를 털어낸다.
3. 180도로 예열한 식용유에 감자를 조금씩 나눠 넣으며 튀긴다.
4. 튀긴 감자에 콜비잭치즈와 파슬리가루를 뿌린다. 전자레인지나 오븐에 넣고 치즈가 녹을 때까지 익힌 후 베이컨을 뿌린다.

TIP
콜비잭치즈 대신 모차렐라치즈와 체다슬라이스치즈를 사용하면 간편해요.

딸기젤리

달콤상콤 사랑스러운 홈메이드 디저트예요.
탱글탱글 씹는 맛이 재미있는 젤리를 만들어주세요.

 2~3인분

딸기 250g · 블루베리 약간 · 판젤라틴 5장 · 설탕 1+1/2큰술 · 물 2컵

1 딸기와 블루베리는 흐르는 물에 깨끗이 씻고 물기를 뺀다. 딸기는 반으로 자르고, 판젤라틴은 찬물에 담가 10분간 불린다.
2 냄비에 판젤라틴과 설탕을 넣고 눋지 않도록 저으며 중간 불에서 끓인다. 냄비 가장자리에 거품이 일면 약한 불로 줄여 3~4분 더 끓인 후 식힌다.
3 작은 그릇에 딸기와 블루베리를 담고 식힌 젤라틴물을 붓는다. 냉장고에 넣어 3시간 이상 굳힌다.

TIP
큰 그릇에 뜨거운 물을 붓고 젤리가 담긴 그릇의 아랫부분을 30초간 담그면 젤리와 그릇을 매끈하게 분리할 수 있어요.

1

2

3

수제햄버거
+
오지치즈프라이
+
딸기젤리

Table 04

자꾸자꾸 생각나는 특별한

간식 요리

식사를 하기엔 부담스럽지만
심심한 입을 달래주고 싶을 때 만들면 딱 좋을 간식들을 소개합니다.
취향에 따라 재료에 따라 골라 먹을 수 있도록 다양한 레시피를 준비했어요.
눈과 입이 모두 즐거워지는 달콤 짭쪼름한 간식을 만들어보세요.

Recipe 1

치즈떡꼬치

겨울밤, 심심한 입을 달래줄 초간단 간식이에요.
집에서도 디저트 카페식 가래떡구이를 즐겨보세요.

 2인분

가래떡 3개 · 체다슬라이스치즈 3장 ·
연유(또는 꿀) · 파마산치즈가루 · 파슬리
가루 · 식용유 약간씩

1 팬에 식용유를 살짝 두르고, 꼬치에 끼운 가래떡을 노릇노릇하게 굽는다.
2 가래떡에 체다슬라이스치즈를 올리고, 전자레인지에 넣어 1분 정도 굽는다.
3 파마산치즈가루와 파슬리가루를 살살 뿌린다. 연유를 곁들인다.

TIP
냉동한 가래떡은 찬물에 넣어 해동한 후 물기를 말끔하게 닦아 사용해요

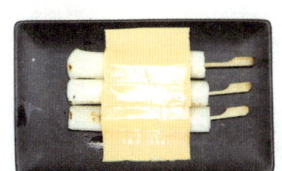

Recipe 2

대파 닭꼬치

매콤달콤한 데리야끼소스로 닭꼬치를 구우면 간식이나 술안주로 먹기 좋아요.
평범하게 구워내는 대신 꼬치를 이용하면 집에서도 캠핑 분위기를 낼 수 있답니다.

3인분

닭다리살(또는 닭안심살) 400g · 대파 흰 부분 3대 · 식용유 1큰술
밑간 진간장 1/2큰술 · 맛술 1큰술 · 다진 마늘 1/2큰술 · 후추 약간
데리야끼소스 매운 건고추 3개 · 진간장 3큰술 · 맛술 2큰술 · 설탕 2큰술 ·
다진 마늘 1큰술 · 다진 생강 1/3큰술 · 후추 약간 · 물 5큰술

1 닭다리살은 찬물에 헹군 다음 가위로 지방을 잘라내고 4cm 길이로 썬다. 대파의 흰 부분도 4cm 길이로 자른다.
2 닭다리살과 대파를 번갈아가며 꼬치에 끼운다.
3 팬에 식용유를 두르고 센 불에서 닭꼬치를 굽는다. 고기의 겉면이 익으면 뚜껑을 닫는다. 약한 불로 줄여 속까지 익힌 후 덜어둔다.
4 팬에 데리야끼소스 재료를 넣고 중간 불에서 한소끔 끓인다. 약한 불로 줄인 다음 닭꼬치를 넣고 소스를 끼얹으며 익힌다.

Recipe.3

간단 약식

명절에 한 번씩 먹는 쫀득하고 찰진 전통 간식이에요.
왠지 만들기 어려울 것 같지만 전기밥솥만 있으면 간단히 완성된답니다.

🍳 4인분

찹쌀 1컵 • 밤 8톨 • 대추 10알 • 잣 2큰술 • 건포도 1큰술
약밥물 진간장 1큰술 • 계핏가루 1/2큰술 • 참기름 1/2큰술 • 소금 1/5큰술 • 흑설탕 1/5컵 • 물 1컵

1 찹쌀은 깨끗이 씻어 3시간 정도 불린 다음 물기를 뺀다. 밤은 4등분하고, 대추는 씨를 발라낸 후 채 썬다.
2 큰 볼에 약밥물 재료를 모두 넣고 저으며 흑설탕을 녹인다.
3 전기밥솥에 불린 찹쌀과 밤, 대추, 잣, 건포도, 약밥물 재료를 넣고 취사 버튼을 누른다. 취사 후 15분 정도 뜸을 들인다.
4 약밥을 넓은 그릇에 평평하게 펴 담아 랩을 씌우고, 식으면 한입 크기로 썬다.

TIP
- 전기밥솥에서 기본 백미 취사 기능을 사용해요.
- 모양을 내고 싶으면 비닐장갑을 끼고 굳기 전에 원하는 모양으로 빚어요.

Recipe 4

조개술찜

짭짤한 바다 내음을 한껏 품고 있는 모시조개로 술안주를 만들었어요.
간단 조리법으로 소박한 맛을 담아낸 심야식당 스타일의 조개술찜입니다.

2인분

모시조개 500g • 청 · 홍고추 1개씩 • 마늘 3쪽 • 매운 건고추 2개 • 쪽파 약간 • 버터 1큰술 • 청주 2컵 • 국간장 • 올리브유 • 소금 약간씩

1 모시조개는 소금을 넣은 물에 흔들어 씻고, 체에 받쳐 물기를 뺀다. 마늘은 편으로 썰고 쪽파와 청·홍고추는 잘게 다진다.
2 팬에 올리브유를 두르고 마늘과 매운 건고추를 약한 불에서 볶는다.
3 마늘이 익으면 모시조개와 청주를 넣는다. 국물이 끓어오르면 뚜껑을 닫고 익힌다.
4 모시조개가 익으면 버터를 넣어 녹인다. 다진 쪽파와 청·홍고추를 넣고 부족한 간은 국간장으로 맞춘다.

TIP
모시조개 대신 바지락으로 요리해도 좋아요.

Recipe 5

깐풍만두

야식 메뉴 1위, 군만두에 매콤달콤한 소스를 곁들였어요.
소스가 느끼함을 잡아주어 먹어도 먹어도 질리지 않는답니다.

 2인분

냉동만두 10개 • 양파 1/3개 • 대파 1/3대 •
청양고추 2개 • 홍고추 1개 • 마늘 3쪽 •
식용유 1큰술
소스 매운 건고추 1개 • 진간장 2큰술 •
고춧가루 2큰술 • 굴소스 2큰술 • 올리
고당 2큰술 • 식초 2큰술 • 맛술 1큰술 •
후추 약간 • 물 4큰술

1 양파와 대파, 청양고추, 홍고추, 마늘은 비슷한 크기로 잘게 다진다.
2 식용유를 두른 팬에 냉동 만두를 올려 노릇노릇하게 구운 다음 접시에 덜어둔다.
3 팬에 소스 재료를 모두 넣고 중간 불에서 거품이 일어날 때까지 끓인다. 다진 채소를 넣어 살짝 끓인 다음 구운 만두에 곁들인다.

TIP
아이들과 먹을 때는 청양고추 대신 파프리카를 넣어요.

1

2

3

Recipe 6
스카치에그

소시지로 삶은 달걀을 감싸 한입에 쏙 들어가는 간식을 만들었어요.
뜨끈뜨끈 갓 튀겨낸 스카치에그는 시원한 맥주와도 잘 어울린답니다.

2인분

삶은 달걀 5개 • 소시지 5개 • 달걀 1개 • 밀가루 1/2컵 • 빵가루 1컵 • 파슬리가루 약간 • 식용유 적당량

1 소시지는 껍질을 벗기고 포크로 내용물을 곱게 으깬다.
2 으깬 소시지를 둥글납작한 모양으로 만들어 삶은 달걀을 감싼다. 달걀을 풀어 달걀물을 만든다.
3 소시지로 감싼 달걀에 밀가루 - 달걀물 - 파슬리가루를 섞은 빵가루를 순서대로 묻힌다.
4 170도로 가열한 식용유에 3의 달걀을 넣고 3분가량 숟가락으로 굴리며 튀긴다. 기름종이에 올려 기름을 뺀다.

Recipe 7

굴튀김

겨울철 최고의 별미인 굴튀김과 환상궁합의 짝꿍, 타르타르소스!
생굴의 비린내와 물컹한 식감을 없애기 위해 바삭하게 튀겨냈어요.

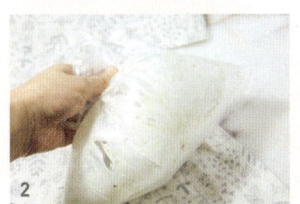

 2인분

굴 200g • 달걀 2개 • 맛술 1큰술 • 밀가루 1/2컵 • 빵가루 1컵 • 파슬리가루 •
소금·후추 약간씩 • 식용유 적당량
타르타르소스 삶은 달걀 1개 • 마요네즈 4큰술 • 레몬즙 1큰술 • 설탕 1/2큰술 •
다진 양파 2큰술 • 다진 피클 1큰술 • 파슬리가루 1/2큰술

1 굴은 소금을 넣은 물에 흔들어 씻은 다음 물기를 빼고, 맛술과 후추로 밑간한다. 달걀을 풀어 달걀물을 만든다.
2 비닐봉지에 밀가루와 굴을 넣고 흔들어 굴에 밀가루를 얇게 묻힌다.
3 굴에 달걀물 - 파슬리가루를 섞은 빵가루를 순서대로 묻힌다.
4 170도로 가열한 식용유에 굴을 넣어 튀김옷이 노릇해질 때까지 튀긴다. 분량의 재료로 만든 타르타르소스를 곁들인다.

 Recipe 8

치즈감자고로케

삶은 감자로 바삭한 고로케를 만들어보세요.
자투리 채소들을 함께 곁들이면 영양 간식이 뚝딱 완성된답니다.

 3인분

감자 9개 • 당근 1/4개 • 양파 1/4개 • 파프리카 1/2개 • 달걀 2개 • 모차렐라치즈 1컵 • 플레인요거트 5큰술 • 밀가루 1컵 • 빵가루 1컵 • 파슬리가루 약간 • 소금 1큰술 • 후추 약간 • 식용유 적당량

1 감자는 껍질을 벗기고, 소금을 넣은 끓는 물에 삶아 뜨거울 때 으깬다. 당근과 양파, 파프리카는 잘게 다진 다음 살짝 볶아 으깬 감자와 플레인요거트, 후추와 함께 반죽한다.
2 둥글게 만든 반죽 가운데에 모차렐라치즈를 1큰술씩 넣고 납작하게 빚는다. 달걀을 풀어 달걀물을 만든다.
3 납작한 반죽에 밀가루 - 달걀물 - 빵가루를 순서대로 묻힌다.
4 170도로 가열한 식용유에 반죽을 넣어 노릇하게 튀긴 후 기름종이에 올려 기름을 뺀다.

TIP
눅눅해진 고로케는 마른 팬에 데우면 다시 바삭해져요.

Recipe 9

허니버터치킨

꿀, 버터, 마늘의 조합은 맛없을 수가 없죠!
고추장소스와는 차원이 다른 달콤하고 고소한 맛의 치킨이에요.

3인분

닭봉 20개 • 버터 4큰술 • 꿀 4큰술 • 맛술 3큰술 • 튀김가루 1/2컵 • 허브가루 1큰술 • 다진 마늘 2큰술 • 소금 1/2큰술 • 후추 약간 • 식용유 적당량

1 닭봉은 흐르는 물에 씻은 다음 살집을 포크로 찌르고 물기를 뺀다. 맛술과 허브가루, 소금, 후추로 밑간한 뒤 20분간 재운다.
2 재워둔 닭봉에 튀김가루를 부어 되직하게 반죽한다.
3 160~170도로 가열한 식용유에 닭봉을 넣어 10분간 튀긴 다음 체에 건져 기름을 뺀다.
4 팬에 버터와 꿀, 다진 마늘을 넣고 약한 불에서 끓인다. 잔거품이 일어나면 튀긴 닭봉을 넣어 버무린다.

TIP
다진 견과류를 토핑으로 올리면 더욱 고소해요.

 Recipe 10

과카몰리

숲 속의 버터, 아보카도로 휘리릭 만드는 간단 디핑소스를 소개합니다.
상큼함이 입 안에서 톡톡 터질 거예요.

 2인분

아보카도 1개 • 양파 1/4개 • 방울토마토 3~4개 • 레몬즙 2큰술 • 소금 1/2작은술 • 후추 약간

1 아보카도는 반으로 잘라 씨를 제거한 다음 껍질을 벗겨 포크로 으깬다.
2 방울토마토는 속을 발라내고 잘게 다진다. 양파도 잘게 다진다.
3 큰 볼에 으깬 아보카도와 손질한 방울토마토, 양파를 넣고 섞은 후 레몬즙과 소금, 후추로 간을 한다.

TIP
• 나쵸나 바게트 위에 얹어 먹거나 샌드위치 속재료로 활용해요.
• 마요네즈나 크림치즈를 섞어도 맛있어요.

Recipe 11

에그나쵸미니피자

배는 고프고, 간단히 먹고 싶을 때는 에그나쵸미니피자가 최고죠!
바삭바삭한 나쵸와 갖가지 토핑이면 누구나 만들 수 있는 초보 요리랍니다.

3인분

나쵸 20개 • 빨강 · 노랑 파프리카 1/5개씩 • 양송이버섯 1개 • 캔옥수수 2큰술 • 메추리알 3개 • 모차렐라치즈 2컵 • 올리브절임 · 햄 약간씩

갈릭디핑소스 크림치즈 2큰술 • 마요네즈 2큰술 • 머스터드 1큰술 • 꿀 1큰술 • 레몬즙 1큰술 • 다진 마늘 1큰술

1

1 양송이버섯은 어슷하게 썰고 빨강·노랑 파프리카와 햄은 잘게 다진다. 캔옥수수는 체에 밭쳐 물기를 뺀다.
2 접시에 나쵸를 펼쳐 담고 메추리알을 제외한 모든 재료와 모차렐라치즈를 번갈아 올린다.
3 180도로 예열한 오븐에 넣어 5분간 굽고, 메추리알을 깨서 올린 다음 10분 더 굽는다. 분량의 재료로 만든 갈릭디핑소스를 곁들여낸다.

2

3

Recipe 12
까망베르치즈구이

마늘과 로즈마리의 향을 품은 매력 만점 치즈구이.
서로 잘 어울리는 재료로 고급스러운 와인안주를 완성했어요.

 2인분

까망베르치즈 1통 • 마늘 2쪽 • 로즈마리 3줄기 • 꿀 1~2큰술 • 아몬드슬라이스 약간

1 까망베르치즈에 바둑판 모양으로 칼집을 내고, 편으로 썬 마늘과 로즈마리잎을 끼워 넣는다.
2 아몬드슬라이스를 올리고 꿀을 뿌린다.
3 180도로 예열한 오븐에 넣어 12분간 굽는다.

TIP
취향에 따라 엑스트라버진 올리브유를 약간 뿌려요.

 Recipe 13

꿀바나나토스트

갓 내린 커피와 먹을 달콤한 간식이 생각나는 날 추천하는 토스트예요.
몽실몽실 촉촉한 식빵 위에 내려앉은 슈거파우더가 반짝반짝 눈 내린 아침처럼 빛날 거예요.

 3인분

식빵 3장 • 달걀 2개 • 바나나 1개 • 딸기 5개 • 버터 2큰술 • 우유 1/2컵 • 꿀 1큰술 • 메이플시럽 · 시나몬파우더 · 슈거파우더 약간씩 • 설탕 1큰술 • 소금 두 꼬집

1 큰 볼에 달걀을 풀고 우유와 설탕, 소금을 골고루 섞어 달걀물을 만든다. 바나나는 반으로 가른 다음 2등분 하고, 딸기는 4등분 한다.
2 식빵은 삼각형으로 썰어 달걀물을 입힌다.
3 팬에 버터 1큰술을 녹이고 중간 불에서 식빵을 구운 다음 접시에 덜어둔다.
4 팬에 버터 1큰술을 녹이고 바나나와 꿀을 넣어 졸인다.
5 구운 식빵 위에 졸인 바나나와 딸기를 올리고, 메이플시럽과 시나몬파우더, 슈거파우더를 뿌린다.

Recipe 14

브라우니

사먹는 것보다 부드럽고 진한 초콜릿 향을 담은 브라우니 레시피를 공개합니다.
바삭바삭한 겉과 촉촉한 속을 갖춘 달콤한 브라우니를 스스로에게 선물해보세요.

5인분(30x20cm 사각틀 기준)

다크커버춰 초콜릿 200g • 달걀 4개 • 밀가루(중력분) 90g • 버터 180g • 흑설탕 180g • 바닐라설탕 15g • 베이킹파우더 1/2작은술 • 코코아파우더 4큰술 • 슈거파우더 약간 • 소금 1/4작은술

1 큰 볼에 다크커버춰 초콜릿과 버터를 넣고 저으며 중탕으로 녹인다.
2 흑설탕과 바닐라설탕을 넣고 거품기로 잘 섞는다. 달걀을 풀어 곱게 섞이도록 젓는다.
3 볼에 밀가루와 베이킹파우더, 코코아가루, 슈거파우더, 소금을 체에 내려 넣고 주걱으로 잘 섞어 반죽을 만든다.
4 유산지를 깔아둔 사각틀에 반죽을 채운다. 사각틀을 바닥에 몇 번 내려쳐 반죽 사이의 공기를 빼고 윗면을 평평하게 다듬는다. 180도로 예열한 오븐에서 20분간 구운 다음 식힌다.

1

2

3

4

TIP

전자레인지로 굽는 방법
레시피의 1/3의 분량을 반죽하여 전자레인지에서 3~4분 정도 익혀요. 젓가락으로 찔렀을 때 반죽이 묻어나오지 않으면 완성입니다.

입 안에서 달콤하게 녹아내리는 간식은 기운을 북돋아주죠.

Recipe 15

딸기 티라미수

오븐 없이 완성하는 부드러운 티라미수.
한 스푼 크게 떠서 입에 넣는 순간, 나를 행복하게 만들어줄 거예요.

2인분

카스테라 2조각(40g)・달걀 노른자 2개・딸기 200g・마스카르포네치즈 250g・에수프레소 1/3컵・생크림 120g・설탕 1/2큰술・코코아파우더・슈거파우더 약간씩

1 큰 볼에 달걀 노른자를 넣어 거품기로 휘핑하다가 마스카포네치즈를 넣고 골고루 섞는다.
2 다른 볼에 생크림을 휘핑한 다음 1을 넣어 주걱으로 뒤집듯 섞어 속을 완성한다.
3 딸기의 절반은 반으로 자르고 나머지는 큼직하게 다진다. 카스테라는 한입 크기로 잘라 한두 조각만 에수프레소에 적셔둔다.
4 투명한 컵 가장자리에 반으로 자른 딸기 단면을 붙여 담고, 그 위에 에수프레소에 적신 카스테라-속-다진 딸기-카스테라-속을 순서대로 쌓는다.
5 슈거파우더를 뿌린 다음 코코아파우더를 뿌린다.

TIP
슈거파우더를 먼저 뿌려야 코코아파우더가 눅눅해지지 않아요.

바나나 머핀

버터를 넣지 않고도 고소하게 구워낸 머핀이에요.
향긋한 바나나가 듬뿍 들어가 맛도 영양도 최고랍니다.

 2인분

바나나 2개 • 달걀 2개 • 밀가루(박력분) 100g • 설탕 60g • 바닐라설탕 5g •
베이킹파우더 4g • 시나몬파우더 1/2작은술 • 포도씨유 60g • 소금 한 꼬집

1 바나나 1개는 포크로 으깨고, 나머지는 1cm 두께로 썰어둔다.
2 큰 볼에 실온에 두었던 달걀을 풀고 설탕과 바닐라설탕, 소금을 넣어 거품기로 저으며 녹인다.
3 볼에 밀가루와 베이킹파우더, 시나몬파우더를 체에 내려 넣고 주걱으로 섞는다. 으깬 바나나와 포도씨유를 섞어 반죽을 만든다.
4 짤주머니에 반죽을 담아 머핀틀의 80% 정도를 채운 다음 썰어 둔 바나나를 올린다. 180도로 예열한 오븐에 넣어 20~25분간 굽는다.

TIP
토핑용 바나나를 너무 두껍게 자르면 머핀이 예쁘게 부풀어 오르지 않아요.

Table 05

향으로 즐기고 맛으로 먹는
저장식 요리

재료 본연의 맛을 오래 담아둘 수 있는 저장식.
계절이 지날 때마다 조금 더 즐기고 싶은 과일이나 채소를 청, 잼, 피클, 장아찌로 담가보세요.
식사 중간중간에 음료나 곁들임 반찬으로 활용하기 좋답니다.
수고롭지만 차곡차곡 저장식을 완성해놓으면 뿌듯할 거예요.

 Recipe 1

라 임 청

언제나 싱그러운 초록빛을 온몸으로 내뿜는 라임.
특유의 상큼함과 향긋함이 녹아든 라임청을 소개합니다.

손질한 라임 1kg • 설탕 1kg • 베이킹소다 • 굵은소금 약간씩

1. 라임은 굵은소금으로 문지르고 베이킹소다를 탄 물에 20분 이상 담가, 껍질에 묻은 보존제와 왁스를 씻어낸다. 채반이나 키친타월에 올려 자연 건조한다.
2. 손질한 라임은 0.3cm 두께로 썬 다음 큰 볼에 담는다. 설탕을 넣어 골고루 섞는다.
3. 소독한 밀폐 용기에 담고, 설탕이 녹을 때까지 2일간 서늘한 곳에 두었다가 냉장고에 보관한다.

TIP
- 냄비에 밀폐 용기를 넣고 찬물을 부어 5~7분간 굴리며 열탕 소독해요. 소독 후 밀폐 용기의 내부를 완전히 말려요.
- 설탕을 녹일 때 깨끗하고 물기 없는 수저로 저어요.

Recipe 1-1

모 히 토

라임청과 민트로 만드는 청량감 넘치는 칵테일, 모히토.
쿠바의 낭만을 담아 시원하게 한 잔 즐겨보세요.

 1인분

라임청 4큰술 • 라임청 건더기 3조각 •
애플민트 5~6줄기 • 럼 1/4컵 • 탄산수
3/4컵 • 얼음 약간

1 유리컵에 얼음과 애플민트를 넣고, 긴 스푼이나 머들러로 찧어
 향과 즙을 낸다.
2 라임청과 라임청 건더기를 넣는다.
3 럼과 탄산수를 넣고 골고루 섞어 완성한다.

TIP
• 라임청이 없으면 라임 1/2개와 설탕 1+1/2큰술을 사용해도 돼요.
• 럼을 빼고 무알콜 모히토로 즐겨도 좋아요.

 Recipe 2

딸기청

겨울부터 봄까지, 향긋한 향이 일품인 딸기로 청을 담가보세요.
새콤달콤한 딸기가 생각날 때 에이드와 차로 활용하기 좋답니다.

손질한 딸기 500g • 설탕 500g • 레몬즙 3큰술

1 딸기는 흐르는 물에 씻어 꼭지를 떼낸 다음 키친타월에 올려 물기를 뺀다.
2 손질한 딸기는 절반은 믹서에 갈고, 나머지는 2~3등분 한다.
3 큰 볼에 딸기와 설탕, 레몬즙을 넣고 골고루 섞은 다음 소독한 밀폐 용기에 담는다. 설탕이 녹을 때까지 서늘한 곳에 2~3일 두었다가 냉장고에서 7일간 숙성한다.

TIP
다양한 베리류(블루베리, 라즈베리 등)와 함께 만들어도 맛있어요.

Recipe 2-1

딸기 라떼

몽실몽실한 거품에 달콤하고 향긋한 과일 향이 담긴 딸기라떼.
마음까지 따뜻해지는 겨울 음료를 만들어보세요.

 1인분

딸기청 3큰술 • 딸기청 건더기 2큰술 •
우유 1/2컵 • 뜨거운 물 2큰술

1 찻잔에 딸기청과 딸기청 건더기, 뜨거운 물을 넣고 딸기차를 만든다.
2 다른 컵에 우유를 담고, 전자레인지에 넣어 미지근할 정도로 데운다. 우유거품기로 거품을 만든 다음 1의 찻잔에 부어 완성한다.

TIP
귤청, 유자청 등 새콤달콤한 과일청으로도 라떼를 만들어요.

1

2

상큼한 제철 과일을 보면
늘 청을 만들고 싶어져요.

 Recipe 3

파인애플청

피로회복과 면역력에 도움을 주는 파인애플로 청을 담가보세요.
속이 더부룩할 때 파인애플에이드를 만들어 마시면 참 좋아요.

손질한 파인애플 500g · 설탕 500g

1 파인애플은 4등분 해서 껍질과 딱딱한 심을 제거한다.
2 절반은 믹서로 갈고, 나머지는 0.5cm 두께로 썬다. 큰 볼에 손질한 파인애플과 설탕을 넣고 섞는다.
3 소독한 밀폐 용기에 담고 설탕이 녹을 때까지 서늘한 곳에 2~3일 둔다. 냉장고에서 7일간 숙성한 다음 먹는다.

TIP
파인애플청을 설탕 대신 고기 요리에 활용해보세요.

Recipe 4

당근사과잼

함께 먹으면 맛과 영양을 동시에 챙길 수 있게 도와주는 단짝, 당근과 사과!
뭉근히 끓여 건강한 수제잼으로 변신시켜요.

손질한 사과 300g · 손질한 당근 200g ·
설탕 250g · 레몬즙 4큰술

1 당근과 사과는 깨끗이 씻은 후 얇게 썰어 믹서에 간다.
2 냄비에 곱게 간 당근과 사과, 레몬즙을 넣고 중간 불에서 저어가며 끓인다. 거품이 일면 약한 불로 줄이고, 거품을 걷어내며 30분간 뭉근히 끓인다.
3 소독한 밀폐 용기에 담아 밀봉하고, 완전히 식으면 냉장고에 보관한다.

TIP
찬물에 잼을 떨어뜨렸을 때 퍼지지 않는 농도가 좋아요.

1

2

3

투명한 유리병에 담긴 홈메이드 저장식은
보기만 해도 뿌듯해지죠.

 Recipe 5

바나나밀크잼

바나나 껍질이 거뭇거뭇해지면 그냥 먹기 힘들 때가 있죠?
그럴 땐 잼으로 만들어 더욱 달콤하게 숙성된 바나나의 맛과 향을 즐겨보세요.

손질한 바나나 600g • 우유 1컵 • 설탕 350g • 레몬즙 4큰술

1 바나나는 껍질을 벗겨 잘게 썬다.
2 냄비에 바나나와 우유를 넣고 포크나 핸드 믹서로 으깬다.
3 설탕을 냄비에 넣고 중간 불에서 졸이다가 보글보글 끓어오르면 약한 불로 줄여 걸쭉한 농도가 될 때까지 저으며 졸인다.
4 소독한 밀폐 용기에 잼을 담아 밀봉하고, 완전히 식으면 냉장고에 보관한다.

 Recipe 6

오렌지마멀레이드

오렌지의 톡 쏘는 상큼함을 오래 두고 먹을 수 있는 마멀레이드.
버터 바른 토스트의 단짝이자 상큼한 충전물이 필요한 머핀의 필수 재료랍니다.

손질한 오렌지 900g • 설탕 400g • 레몬즙 4큰술 • 베이킹소다 · 굵은소금 약간씩

1 오렌지는 굵은소금으로 문지르고 베이킹소다를 탄 물에 20분 이상 담가, 껍질에 묻은 보존제와 왁스를 씻어낸다. 채반이나 키친타월에 올려 물기를 말린다.
2 필러로 오렌지 껍질을 벗겨 채 썰고, 과육은 착즙기로 즙을 낸다.
3 냄비에 오렌지 껍질과 즙, 설탕, 레몬즙을 넣고 센 불에서 저어가며 끓인다. 거품이 일면 중간 불로 줄여 거품을 걷어내며 뭉근히 끓인다.
4 걸쭉해지면 한김 식힌 후 소독한 밀폐 용기에 담아 냉장고에 보관한다.

1

2

3

4

TIP
• 껍질의 흰 부분이 많이 들어가면 쓴맛이 나요.
• 냄비 바닥을 주걱으로 긁었을 때 자국이 2초간 유지되면 불을 꺼요.

Recipe 7

방울양배추피클

슈퍼푸드로 선정될 만큼 영양이 똘똘 뭉친 방울양배추를 소개합니다.
아삭아삭한 식감이 살아 있는 피클을 담가보세요.

방울양배추 두 줌 • 무 1/5개 • 비트 1/4개 •
당근 1/2개 • 오이 1/2개 • 레몬 1개 • 베이킹소다 약간
피클물 월계수잎 3~4장 • 식초 1+1/2컵
설탕 1+1/2컵 • 피클링스파이스 1큰술 •
소금 1큰술 • 물 3컵

1 무와 비트, 당근은 껍질을 벗기고 한입 크기로 썬다. 방울양배추는 마른 겉잎을 떼어내 반으로 자른다. 오이와 레몬은 베이킹소다로 껍질을 문질러 씻고 물기를 제거한 다음 슬라이스 한다.
2 냄비에 피클물 재료를 넣고 중간 불에서 5분간 끓인다.
3 소독한 밀폐 용기에 손질한 채소를 담고 뜨거운 피클물을 붓는다. 완전히 식으면 냉장고에 보관한다.

TIP
- 피클물을 부을 때 단단한 채소는 뜨거울 때 붓고, 여리고 얇은 채소는 식은 후 부어야 조직이 상하지 않고 아삭해요.
- 피클을 담그고 3~4일 후 피클물만 따로 끓여 부어주기를 2번 반복해요. 피클을 더 오래 보관할 수 있어요.

 Recipe 8

아스파라거스피클

새콤한 맛과 아삭아삭한 식감으로 입맛을 돋아주는 아스파라거스피클.
독특한 모양새가 눈에 톡톡 띄어 선물용으로도 좋아요.

아스파라거스 600g · 레몬 1/2개
피클물 월계수잎 3~4장 · 식초 1+1/2컵 · 설탕 1+1/2컵 · 피클링스파이스 1큰술 · 소금 1큰술 · 물 3컵

1 아스파라거스는 두꺼운 밑동을 잘라내고, 필러로 줄기의 질긴 섬유질을 벗긴다.
2 아스파라거스는 밀폐 용기 길이에 맞춰 자르고 레몬은 얇게 슬라이스 한다.
3 냄비에 피클물 재료를 넣고 중간 불에서 5분간 끓인다.
4 소독한 밀폐 용기에 아스파라거스와 레몬을 담고, 뜨거운 피클물을 붓는다. 완전히 식으면 냉장고에 보관한다.

Recipe 9

선드라이토마토

토마토를 말리면 신맛은 줄어들고 단맛은 더욱 강해져요.
지중해의 햇살과 바람을 상상하며 홈메이드 선드라이토마토를 만들어보세요.

방울토마토 500g · 바질 3줄기 · 다진 마늘 1큰술 · 올리브유 5큰술 · 소금 1/2큰술

1 방울토마토는 흐르는 물에 씻은 다음 물기를 빼고 반으로 자른다. 바질은 잎을 떼서 굵게 다진다.
2 바질과 다진 마늘, 올리브유, 소금을 섞어 방울토마토에 골고루 뿌린다.
3 건조기에 방울토마토를 펼쳐 놓고 꼬들꼬들해질 때까지 건조한다.
4 건조기에서 꺼낸 방울토마토의 열이 완전히 식을 때까지 두었다가 소독한 밀폐 용기에 넣고 실온에 두고 먹는다.

TIP

- 건조기가 없다면 오븐 온도를 100도로 맞춰 2시간 이상 건조해요.
- 바질이 없으면 바질가루나 오레가노, 허브가루를 1큰술 사용해요.
- 취향에 따라 토마토가 완전히 잠길 만큼 엑스트라버진 올리브유를 붓고 허브를 섞어 냉장고에 보관해요.
- 올리브유에 절인 토마토는 파스타나 피자, 리조또, 브루스케타, 샐러드에 활용하고, 올리브유는 드레싱이나 요리용 오일로 활용해요.

Recipe 10

두릅장아찌

봄에 찾아온 손님, 두릅을 장아찌로 담그면 오래오래 그 맛을 즐길 수 있어요.
두릅의 향긋한 맛과 향을 유리병에 꼭꼭 담아두세요.

손질한 두릅 500g • 양파 1/2개 • 마늘 5쪽 • 페페론치노(또는 매운 건고추) 10개 • 소금 1/2큰술
간장물 양파 1/2개 • 대파 1대 • 다시마(10x10cm) 1장 • 진간장 2컵 • 식초 1컵 • 설탕 1컵 • 물 2컵

1 두릅은 밑동을 자르고 씻은 후 물기를 뺀다. 양파는 큼직하게 썬다.
2 끓는 물에 소금을 넣은 다음 두릅을 줄기부터 넣어 1분간 뒤집어가며 데치고, 찬물에 헹궈 물기를 뺀다.
3 냄비에 간장물 재료를 넣고 10분간 끓인다. 건더기를 건진 후 한김 식힌다.
4 소독한 밀폐 용기에 두릅과 양파, 마늘, 페페론치노를 넣고 간장물을 붓는다. 완전히 식으면 냉장고에 보관한다.

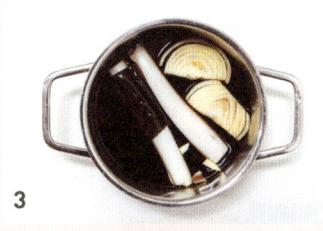

TIP
• 여린 두릅은 나물로 먹고, 억센 두릅으로 장아찌를 담가요.
• 장아찌를 담고 2~3일 후 간장물만 따로 끓여 다시 두릅에 부어요. 두릅에서 나온 수분 때문에 싱거워진 간을 보충하고 오래 보관할 수 있어요.

Recipe 11

초석잠장아찌

잠들어 있는 누에를 닮은 초석잠은 치매 예방과 혈액 순환에 좋다고 해요.
아삭한 식감이 일품인 초석잠장아찌로 매일 건강을 챙겨보세요.

초석잠 500g · 양파 1개 · 청양고추 2개
· 마늘 5쪽 · 페페론치노(또는 매운 건
고추) 10개
간장물 양파 1/2개 · 대파 1대 · 표고버
섯 2개 · 다시마(10x10cm) 1장 · 진간장
2컵 · 설탕 2/3컵 · 식초 1컵 · 물 2컵

1 초석삼은 흙을 털고, 여러 번 씻어 상처난 것을 골라낸 후 물기를 뺀다. 마늘은 꼭지만 다듬고 양파는 큼직하게 썬다. 청양고추는 포크로 찔러 구멍을 낸다.
2 냄비에 간장물 재료를 넣고 10분 정도 끓인 다음 건더기를 건진다.
3 소독한 밀폐 용기에 초석잠과 양파, 청양고추, 마늘, 페페론치노를 넣고 뜨거운 간장물을 붓는다. 완전히 식으면 냉장고에 보관한다.

 Recipe 12

새우장

한껏 물오른 제철 새우로 만드는 맛있는 저장 반찬이에요.
짭쪼름하고 탱글탱글한 새우장, 실패 없이 완성하는 레시피를 공개합니다.

2인분

새우 1kg(40마리 내외) • 청양고추 1개 • 홍고추 1개 • 레몬 1/2개 • 청주(또는 소주) 1/2컵 • 소금 약간
간장물 생강 1/5톨 • 다시마(10x10cm) 1장 • 페페론치노 7개 • 국간장 2/3컵 • 진간장 1+1/3컵 • 물엿 2/3컵 • 맛술 1/3컵
채수 사과1/2개 • 당근 1/2개 • 양파 1/2개 • 대파 1대 • 마늘 10쪽 • 표고버섯 2개 • 대추 10알 • 물 4컵

1 소금을 넣은 물에 새우를 헹군다. 머리의 뾰족한 부분과 꼬리, 다리는 가위로 자르고 청주를 골고루 뿌린다. 청양고추와 홍고추는 어슷하게 썰고, 레몬은 반으로 잘라 반달 모양으로 썬다.
2 냄비에 채수 재료를 넣어 30분간 끓인 후 면보에 걸러내 맑은 채수를 준비한다.
3 냄비에 채수와 간장물 재료를 모두 넣어 10분간 끓인 후 식힌다.
4 소독한 밀폐 용기에 키친타월로 물기를 닦은 새우와 청양고추, 홍고추, 레몬을 담고 간장물을 부어 냉장고에 보관한다. 3~4일 후부터 먹는다.

TIP
- 새우장을 담그고 2일 후 간장물만 따로 끓였다가 식혀 다시 새우에 부어주면 오래 보관할 수 있어요.
- 냉장고에 보관하며 7~10일 내에 먹어요. 바로 먹을 수 없다면 새우와 간장물을 따로 분리하여 냉동실에 보관하고, 먹기 직전에 자연 해동해서 섞어요.

INDEX

L

LA갈비구이 · 52

ㄱ

가지그라탕 · 128
간단 약식 · 218
간편 알밥 · 102
갈비탕 · 82
감바스 알 아히요 · 184
감자수프 · 156
고구마사과그라탕 · 131
고추잡채 · 44
과카몰리 · 230
구운 가지무침 · 30
구운 미니단호박샐러드 · 175
굴라쉬 · 182
굴튀김 · 225
그릭샐러드 · 174
그릴드 치즈샌드위치 · 164
까망베르치즈구이 · 233
깐풍만두 · 222
꼬막비빔밥 · 104
꿀바나나토스트 · 234

ㄴ

낙지볶음 · 40
냉이바지락된장국 · 76

ㄴ

니스샐러드 · 168

ㄷ

단호박소갈비찜 · 70
달래새우전 · 46
당근사과잼 · 258
대파닭꼬치 · 216
돌나물비빔국수 · 120
동그랑땡과 깻잎전 · 48
돼지고기짜글이찌개 · 72
두릅장아찌 · 272
두유콩국수 · 122
딸기라떼 · 252
딸기젤리 · 209
딸기청 · 250
딸기티라미수 · 240
떠먹는 감자피자 · 130

ㄹ

라임청 · 246
라자냐 · 142
로스트치킨 · 150
뢰스티 · 202

ㅁ

마늘종새우볶음밥 · 96
매콤 치킨마요덮밥 · 108

맥앤치즈 · 144
명란달걀찜 · 68
모히토 · 248
목살스테이크 · 189
묵은지닭볶음탕 · 84
미나리제육볶음 · 38
미니단호박수프 · 158
밀푀유나베 · 88

ㅂ

바나나머핀 · 242
바나나밀크잼 · 262
바싹불고기 · 50
방울양배추피클 · 266
방풍나물무침 · 32
버섯리조또 · 132
버섯밥 · 92
봉골레파스타 · 201
브라우니 · 236
브루스케타 · 162
빠에야 · 134

ㅅ

사과굴무침 · 28
삼색나물 · 36
새우감자샐러드 · 167
새우브로콜리볶음 · 42

새우장 · 276
새우파스타 · 196
샐러드파스타 · 136
샹그리아 · 191
선드라이토마토 · 270
성게알비빔밥 · 106
소고기규동 · 116
소고기장조림 · 64
소시지파스타 · 138
수제햄버거 · 207
스카치에그 · 224
시금치프리타타 · 178
시래기고등어조림 · 66

ㅇ
아스파라거스피클 · 268
안심스테이크 · 195
알배추겉절이 · 33
약고추장 · 60
양지수육무침 · 34
얼큰 만두전골 · 86
얼큰 소고기무국 · 78
에그나쵸미니피자 · 232
연근샐러드 · 170
연포탕 · 80
오렌지마멀레이드 · 264
오리지널 까르보나라 · 140

오색잔치국수 · 123
오지치즈프라이 · 208
오픈 연어샌드위치 · 166
와인삼겹살구이 · 152
우렁강된장 · 58
우유푸딩 · 203

ㅈ
장어덮밥 · 112
조개술찜 · 220
중국식 가지튀김 · 56

ㅊ
차돌박이된장찌개 · 74
차돌박이참나물덮밥 · 114
찬밥참치죽 · 118
초석잠장아찌 · 274
치즈감자고로케 · 226
치즈김치볶음밥 · 100
치즈달걀프라이 · 176
치즈떡꼬치 · 214
치즈오븐파스타 · 146
치킨스테이크 · 148

ㅋ
크리스마스리스샐러드 · 190
클램차우더 · 154

ㅌ
타라토르 · 160
토마토홍합찜 · 180
톳나물두부무침 · 31
톳전복밥 · 94

ㅍ
파인애플청 · 256
표고버섯무조림 · 62

ㅎ
허니버터치킨 · 228
홍차마들렌 · 197
황금볶음밥 · 98
황태칼국수 · 124

루나의
맛있는 테이블

펴낸날 초판 1쇄 2016년 4월 5일

지은이 박하영

펴낸이 임호준
이사 홍헌표
편집장 김소중
책임 편집 김희현 | **편집 2팀** 장문정
디자인 왕윤경 김효숙 정윤경 | **마케팅** 강진수 임한호 김혜민
경영지원 나은혜 박석호 박정식 문아라 | **e-비즈** 표형원 이용직 김준홍 류현정 차상은

인쇄 (주)웰컴피앤피

펴낸곳 비타북스 | **발행처** (주)헬스조선 | **출판등록** 제2-4324호 2006년 1월 12일
주소 서울특별시 중구 세종대로 21길 30 | **전화** (02) 724-7684 | **팩스** (02) 722-9339
홈페이지 www.vita-books.co.kr | **블로그** blog.naver.com/vita_books | **페이스북** www.facebook.com/vitabooks

ⓒ 박하영, 2016

이 책은 저작권법에 따라 보호를 받는 저작물이므로 무단 전재와 무단 복제를 금지하며,
이 책 내용의 전부 또는 일부를 이용하려면 반드시 저작권자와 ㈜헬스조선의 서면 동의를 받아야 합니다.
책값은 뒤표지에 있습니다. 잘못된 책은 바꾸어 드립니다.
ISBN 979-11-5846-075-4 13590

- 이 도서의 국립중앙도서관 출판예정도서목록(CIP)은 서지정보유통지원시스템 홈페이지(http://seoji.nl.go.kr)와
  국가자료공동목록시스템(http://www.nl.go.kr/kolisnet)에서 이용하실 수 있습니다. (CIP제어번호 : CIP2016007547)

- 비타북스는 독자 여러분의 책에 대한 아이디어와 원고 투고를 기다리고 있습니다.
  책 출간을 원하시는 분은 이메일 vbook@chosun.com으로 간단한 개요와 취지, 연락처 등을 보내주세요.

- 비타북스는 건강한 몸과 아름다운 삶을 생각하는 ㈜헬스조선의 출판 브랜드입니다.

THE HANDMADE & WOODTRAY
JANG's NATURAL FURNITURE
장스목공방원목수제가구&나무도마

blog.naver.com/dodo1221_

SIMPLE_MODERN_CLASSIC

제가 만지는 나무에는 수십, 수백 년의 세월이 묻어 있습니다.
그래서 나무를 만질 때면 자연스럽게 겸손해질 수밖에 없지요.

"나무가 살아온 세월만큼 가구도 오래도록 함께할 수는 없을까?"
작업을 할 때마다 저를 고민하게 만드는 말입니다.
세월의 흔적이 묻어나며, 견고하게 버티면서 쉽게 질리지 않는 가구.
그것은 가장 단순하면서도 세련되고, 고전적인 느낌을 가구에 담았을 때 나타나죠.

나무의 삶을 가구에 담는 것... 제가 가장 좋아하는 일입니다.